U0033826

蔣經國大事日記

（1975-1976）

Daily Records of Chiang Ching-kuo, 1975-1976

民國日記｜總序

呂芳上
民國歷史文化學社社長

　　人是歷史的主體，人性是歷史的內涵。「人事有代謝，往來成古今」（孟浩然），瞭解活生生的「人」，才較能掌握歷史的真相；愈是貼近「人性」的思考，才愈能體會歷史的本質。近代歷史的特色之一是資料閎富而駁雜，由當事人主導、製作而形成的資料，以自傳、回憶錄、口述訪問、函札及日記最為重要，其中日記的完成最即時，描述較能顯現內在的幽微，最受史家重視。

　　日記本是個人記述每天所見聞、所感思、所作為有選擇的紀錄，雖不必能反映史事整體或各個部分的所有細節，但可以掌握史實發展的一定脈絡。尤其個人日記一方面透露個人單獨親歷之事，補足歷史原貌的闕漏；一方面個人隨時勢變化呈現出不同的心路歷程，對同一史事發為不同的看法和感受，往往會豐富了歷史內容。

　　中國從宋代以後，開始有更多的讀書人有寫日記的習慣，到近代更是蔚然成風，於是利用日記史料作歷

史研究成了近代史學的一大特色。本來不同的史料，各
有不同的性質，日記記述形式不一，有的像流水帳，有
的生動引人。日記的共同主要特質是自我（self）與私
密（privacy），史家是史事的「局外人」，不只注意史
實的追尋，更有興趣瞭解歷史如何被體驗和講述，這時
對「局內人」所思、所行的掌握和體會，日記便成了十
分關鍵的材料。傾聽歷史的聲音，重要的是能聽到「原
音」，而非「變音」，日記應屬原音，故價值高。1970
年代，在後現代理論影響下，檢驗史料的潛在偏見，成
為時尚。論者以為即使親筆日記、函札，亦不必全屬真
實。實者，日記記錄可能有偏差，一來自時代政治與社
會的制約和氛圍，有清一代文網太密，使讀書人有口難
言，或心中自我約束太過。顏李學派李塨死前日記每月
後書寫「小心翼翼，俱以終始」八字，心所謂為危，這
樣的日記記錄，難暢所欲言，可以想見。二來自人性的
弱點，除了「記主」可能自我「美化拔高」之外，主
觀、偏私、急功好利、現實等，有意無心的記述或失
實、或迴避，例如「胡適日記」於關鍵時刻，不無避實
就虛，語焉不詳之處；「閻錫山日記」滿口禮義道德，
使用價值略幾近於零，難免令人失望。三來自旁人過度
用心的整理、剪裁、甚至「消音」，如「陳誠日記」、
「胡宗南日記」，均不免有斧鑿痕跡，不論立意多麼良
善，都會是史學研究上難以彌補的損失。史料之於歷史
研究，一如「盡信書不如無書」的話語，對證、勘比是
個基本功。或謂使用材料多方查證，有如老吏斷獄、
法官斷案，取證求其多，追根究柢求其細，庶幾還原

案貌，以證據下法理註腳，盡力讓歷史真相水落可石出。是故不同史料對同一史事，記述會有異同，同者互證，異者互勘，於是能逼近史實。而勘比、互證之中，以日記比證日記，或以他人日記，證人物所思所行，亦不失為一良法。

從日記的內容、特質看，研究日記的學者鄒振環，曾將日記概分為記事備忘、工作、學術考據、宗教人生、游歷探險、使行、志感抒情、文藝、戰難、科學、家庭婦女、學生、囚亡、外人在華日記等十四種。事實上，多半的日記是複合型的，柳貽徵說：「國史有日歷，私家有日記，一也。日歷詳一國之事，舉其大而略其細；日記則洪纖必包，無定格，而一身、一家、一地、一國之真史具焉，讀之視日歷有味，且有補於史學。」近代人物如胡適、吳宓、顧頡剛的大部頭日記，大約可被歸為「學人日記」，余英時翻讀《顧頡剛日記》後說，藉日記以窺測顧的內心世界，發現其事業心竟在求知慾上，1930 年代後，顧更接近的是流轉於學、政、商三界的「社會活動家」，在謹厚恂恂君子後邊，還擁有激盪以至浪漫的情感世界。於是活生生多面向的人，因此呈現出來，日記的作用可見。

晚清民國，相對於昔時，是日記留存、出版較多的時期，這可能與識字率提升、媒體、出版事業發達相關。過去日記的面世，撰著人多半是時代舞台上的要角，他們的言行、舉動，動見觀瞻，當然不容小覷。但，相對的芸芸眾生，識字或不識字的「小人物」們，在正史中往往是無名英雄，甚至於是「失蹤者」，他們

如何參與近代國家的構建，如何共同締造新社會，不應
該被埋沒、被忽略。近代中國中西交會、內外戰事頻
仍，傳統走向現代，社會矛盾叢生，如何豐富歷史內
涵，需要傾聽社會各階層的「原聲」來補足，更寬闊的
歷史視野，需要眾人的紀錄來拓展。開放檔案，公布公
家、私人資料，這是近代史學界的迫切期待，也是「民
國歷史文化學社」大力倡議出版日記叢書的緣由。

蔣經國大事日記　導言

呂芳上

民國歷史文化學社社長

中央研究院近代史研究所兼任研究員

一、

　　許多人多注意到年輕一代的新新人類，多半要掌握的是立即、當下，要捕捉的是能看得見、聽得到、抓得住的事事物物，視芸芸之人眾生平等，不把「大咖」人物看在眼裡，昨天的事早早忘卻，明天和過去的歷史，更屬虛無又飄渺。即使對一般人，說美國總統川普（Donald Trump），很多人或還記得，談歐巴馬（Barack Obama），即已印象模糊。老蔣、老毛何許人也？知其名未必悉其實，小蔣（經國）、老鄧（小平）印象就沒那麼深刻。在臺灣，坊間對蔣經國評價不一，民間有人把「蔣經國」以臺語諧音說成「酒精國」，雖屬戲謔之語，反見親切。這時代，有人這麼說：一轉身，光明黑暗都成故事；一回眸，歲月已成風景。不過，尋根是人類本性，我們走過「從前」，要說從歷史中尋求如何面對當今問題的智慧，可能太抽象，但問那個時代、那個人物，留下什麼樣足跡？有過何等影響？還是會引發人們找尋歷史源頭的興味的。

　　近代中國歷史堪稱曲折，世界走入中國，用的是兵艦、巨砲，中國走向世界，充滿詭譎與恫嚇。於是時代

的歷史靠著領導者帶著一群菁英，以無比信心、堅韌生命力與靈妙的模仿力和創造力，共同形塑，造成了「今日」。

在歷史往復徘徊中，往往出現能打開出路的引領人。這些有頭、有臉的人物，他們數十年一夢的人生事跡，對天地悠悠之久，雖也一幌即過，但確實活在歷史。最怕的是當代、後世好事者，可能為這些人塗脂抹粉、加料泡製、打磨夯實、描摹包裝、強力推銷，變成「聖賢」或「惡魔」，弄得歷史人物不成「人」形。

生前飽受公議的政治人物，過世之後也得接受歷史的公評，這是無庸置疑。但論孫文只說他為目的不擇手段、評蔣介石說是獨裁無膽、硬把毛澤東功過三七開，都犯了簡化歷史的毛病；論歷史的事情，既不是痛快的一句話可以了結，且歷史人物，更不該盲目恭維或肆意漫罵可以了事。歷史人物的品評，需要多樣資料佐證，於是上窮碧落下黃泉所得的「東西」，不能不說當下、即時的紀錄材料，最不能疏忽。這套《蔣經國大事日記》，作為民國、臺灣歷史人物蔣經國及其時代研究的基礎，當之無愧。

二、

蔣經國生於 1910 年，1988 年過世。美國史家史萊辛格（Arthur Schlesinger Jr.）說，二十世紀是一個混亂的世紀，充滿了憤怒、血腥、殘酷；也充滿了勇敢、希望與夢想。蔣經國的一生起伏跌宕夾雜著這些特色。他幼年讀書不算多，1925 年十六歲正當人格成型之際，

被送到冰天雪地的俄國。那段時間，正是史達林掌權清
算鬥爭激烈時期，對他來說想必印象深刻，影響一生。
西安事變後抗日開戰前（1937 年 3 月），帶著俄國妻
子返國，先在家鄉溪口讀書，其後在江西保安處、贛南
專區當行政督察專員，過著中層公務員的生活，並依父
命師從徐道鄰、汪日章等人，接受經典洗禮，對傳統文
化進行「補課」，也零星通曉西方民主、法治觀念，思
想因此有進境，難免蕪雜。抗戰時期往來大後方，除了
在贛南有一批從龍之士外，在重慶擔任三青團幹校教育
長，有了幹校人脈，加上後來在臺組建青年反共救國
團，這幾批人無形中成了他後來的政治班底。

　　蔣經國真正的政治事業是 1950 年代在臺灣開始
的，1950 到 1960 年代蔣介石忙於黨的改造、政治革
新，積極準備「反攻復國」，至於情治系統、國安、國
軍政工事務多交經國負責，這一時期，國外媒體甚至形
容他為「神秘人物」。到 1970 年代聯合國席位不保，
中日、中美先後斷交，國家處境逆轉，大約此時統理國
家的權力也集中到經國身上，威權政治開始有軟化跡
象。不過直到1980 年代中期之後，已深切感受時代在
變，環境在變，潮流也不能不變。1986 年 9 月，集大
權於一身的經國總統容忍「民主進步黨」成立，等於開
放黨禁；10 月中旬決定「解嚴」，次年 7 月 15 日正式
實施；接著解除報禁、開放港澳觀光，10 月 15 日准許
老兵返大陸探親，民主化邁步向前，對長期威權統治下
的臺灣而言，不啻一場寧靜革命。當年擔任總統副手的
李登輝，後來在《訪談錄》中，很平實的說了這麼一段

話：「大家講李登輝執政十二年民主改革等等，老實講，如果這三年八個月中沒有他（蔣經國）在政策上的變化，我後來的十二年是做不了什麼事的。」

　　同一時期，蔣經國大量起用臺灣省籍菁英，尤其1972年出任行政院長後，培養省籍人士不遺餘力，1984年在謝東閔副總統之後，提名年輕得多的李登輝繼之，以當時蔣經國的身體條件和年齡，視為是接班人選，十分明顯。在行政院長及總統任職期間，蔣經國不斷走入民間、結交民間友人，1987年又說出「我也是臺灣人」的話語，姑不論是否為政治語言，政權本土化的意味很濃，行動上則多少帶點「蘇俄經驗」味道。

　　1970年代，國際逆流橫生之外，國內政治異議聲浪頻起，反對勢力運動勃發，規模不斷擴大，手段益趨激烈，當時臺灣幾乎有人心惶惶之感。這期間，1973年及1979年碰到兩次石油危機、國際金融風暴。幸賴十大建設、六年經建計畫等的財經擘劃，安然渡過危局，「臺灣奇蹟」的締造，蔣經國與有功焉。長時間陪侍兩蔣身邊的御醫熊丸說，小蔣極為儉樸，樂與民眾接近，但城府深、表裡不一，恩威難測，並非好相處的朋友；已過世、有點不合時宜，與經國交過手的財經專家王作榮，佩服蔣與巨商大賈保持距離，但也直說，蔣經國是俄國史達林文化與中國包青天文化的混合產物。顯示這位國家領導人多面向的行事與風格，仍大可有進一步研究的空間。

三、

　　1972 年 6 月，62 歲的蔣經國出任行政院長，實質掌理國政。其後 1978 年膺選為中華民國第六任總統，1984 年連任為第七任總統，不幸任期未滿的 1988 年 1 月 13 日辭世，那年他 78 歲。他一生最後的十六年，可說盡瘁國政，奉獻全部心力於臺灣這塊土地。這位關鍵人物在關鍵時期的政府治理成績斐然，此段時間正是臺灣政治、社會的重要轉型期。這十六年的政府政績即使不稱為「經國之治」，說它是臺灣的「蔣經國時代」，絕不為過。

　　這套《蔣經國大事日記》，涵蓋「蔣經國時代」的十六年，起於 1972 年 5 月 20 日出仟行政院長，迄於 1988 年 1 月 30 月奉安大溪止，每日行程幾乎均有如實紀錄。嚴格說這是蔣經國行政院長和兩任總統的行政大事記，原係庋藏於國史館蔣經國忠勤檔案中的一種。原作毛筆、鋼筆文件應出諸經國總統秘書之手，察其所錄，很有總統日常行政實錄意涵。每日記載內容主要為蔣經國擔任院長、總統期間之行止、接見賓客、上山下海巡訪各地，重要會議要點（包括行政院院會、國民黨中常會、中央全會、總統府財經會談、軍事會談）、重要文告、年節談話內容等，大自內政上十項建設的推動，持續三十八年之久的戒嚴宣告解除，反共反獨的宣示，對中共三不（不接觸、不談判、不妥協）政策誓言；國際關係上中日、中美斷交，克來恩（Ray S. Cline）與韓、越「情報外交」，李光耀頻頻秘密來臺的臺新（新加坡）交誼，小至中學生給蔣經國「院長精

神不死」的謝卡小故事，有嚴肅的一面，也見人性幽默
的一環。《蔣經國大事日記》如能與蔣經國個人日記搭
配，「公」「私」資料，參照互比，將更能清楚見其行
事軌跡與作為。故而日記固可補《蔣經國大事日記》之
不足（蔣經國日記起於 1937 年 5 月，記至 1979 年 12
月 30 日因視力惡化中止），《蔣經國大事日記》亦正
足彌補日記之空闕。故此一資料，當屬研究「蔣經國時
代」不可或缺的寶貴史料。

四、

　　這套書記錄 1972 至 1988 年中華民國的國家領導
人行政大事，雖簡要，但不失為「蔣學」研究的重要工
具書。

　　本來歷史學的研究與編纂，就有「年代學」
（Chronology），是以確定歷史事件發生時間的科學，
從古代中國《春秋》、《竹書紀年》，到近人郭廷以的
《近代史國史事日誌》、《中華民國史事日誌》等，都
屬之。這套書一如晉杜預的〈春秋左氏傳序〉所言：
「記事者，以事繫日，以日繫月，以月繫時，以時繫
年，所以紀遠近，別同異也。故史之所記，必表年以首
事。」本書所記，甚至細至以時繫分，明確事件發生時
間，提供歷史發展線索，大可作為歷史研究的基礎。對
當代民國史、臺灣史研究而言，資料之珍貴，實無過
於此。

編輯凡例

一、 本書依照「蔣經國大事日記略稿」編輯，依日期
　　排列。

二、 為便利閱讀，部分罕用字、簡字、通同字，在不
　　影響文意下，改以現行字標示，恕不一一標注。

三、 附件及補充資料以標楷體呈現，部分新聞報導之
　　附件不收錄。

目錄

中華民國 64 年（1975 年）

1月1日　星期三
上午

十時，參加中樞慶祝中華民國六十四年開國紀念典禮暨
元旦團拜。

1月2日　星期四
上午

七時十四分，由臺灣省政府主席謝東閔陪同，前往新竹
巡視。

1月3日　星期五
上午

九時，主持行政院新年團拜，勉全體同仁發揮團隊精
神，為國家作更大的努力與貢獻。

1月4日　星期六
【無記載】

1月5日　星期日
上午

十時四十二分，赴三軍總醫院探視陸軍總司令于豪章
傷況。

1月6日至7日　星期一至二
【無記載】

1月8日　星期三
上午

九時，出席中常會。

中午

以午餐招待在北部參觀軍事基地之臺灣省政府主席謝東閔及全省縣市長，期勉大家同甘共苦，克服困難，求取更大進步。

1月9日　星期四
上午

九時，主持行政院院會，提示：

一、六十四年經濟計劃，我們仍要揭示安定中求進步的原則。

二、今後經濟發展，必須積極輔導外銷工業、加強農業建設。

三、十項重要建設的執行，應在經費預算範圍內，按預定計劃積極進行。

1 月 10 日　星期五
上午

十一時二十四分，拜會嚴副總統。

下午

一時三十六分，在松山機場送陸軍總司令于豪章出國療傷。

1 月 11 日至 12 日　星期六至日
【無記載】

1 月 13 日　星期一
上午

八時二十五分，在內政部聽取內政部及蒙藏委員會簡報，並指示內政部對有關民眾權益之業務，應針對缺失，加強改進。

十時十五分，至外交部聽取簡報，並指示團結合作，全力推展外交工作。

1 月 14 日　星期二
上午

八時二十四分，至國防部聽取簡報。

十時二十五分，至財政部聽取簡報，並指示加強與經濟、金融單位之合作，公忠體國，為民服務。

1月15日　星期三

上午

八時十六分，在松山機場歡送徐副院長慶鐘赴越南訪問。

九時，出席中常會。

1月16日　星期四

上午

九時，主持行政院院會。

1月17日　星期五

上午

七時二十分，至臺北市立殯儀館弔祭因直昇機失事殉職之馮應本中將之喪。

八時三十六分，至教育部聽取該部及青年輔導委員會之簡報，勗勉工作同仁，把握重點，以求發展。

十時二十八分，至司法行政部聽取簡報，期勉司法人員公平執法，保障人民權益，維護社會安寧。

1月18日　星期六

上午

十時〇五分，至中興新村聽取臺灣省政府簡報，期勉各單位首長，貢獻自己，克服困難，保證達到工作目標。

中午

與臺灣省政府廳、處長共進午餐。

下午

三時十五分，參觀臺灣省政府福利品供應中心。

1 月 19 日　星期日

上午

十一時五十分，蒞臨臺中成功嶺，聽取大專學生集訓班簡報，並與參加集訓學生共進午餐，期勉學生們體認生命意義，把智慧與精力，貢獻給國家社會。

1 月 20 日　星期一

上午

九時十七分，至臺北市立殯儀館弔祭因直昇機失事殉職之苟雲森中將之喪。

下午

一時十八分，至臺北市立殯儀館弔祭因直昇機失事殉職之常啟宇少將及陳清琪少將之喪。

1 月 21 日　星期二

上午

七時四十一分，至臺北市立殯儀館弔祭因直昇機失事殉職之張雯澤中將之喪。

八時三十分，至經濟部聽取簡報，並就今後一年該部工

作重點及農、工、貿易等工作，分別有所提示。

十時三十分，至交通部聽取簡報，並對該部各項業務，分別有所提示。

1月22日　星期三

上午

九時二十二分，出席中常會。

下午

四時四十分，至臺北市政府聽取簡報，並指示今後市政建設方向，勉勵加強為民服務。

1月23日　星期四

上午

九時，主持行政院院會。

十時三十二分，由人事行政局局長陳桂華陪同，巡視信義路公教人員福利品供應中心，並指示注重實際效益。

1月24日　星期五

上午

八時○七分，至僑務委員會聽取簡報，並指示今後僑務工作努力方向。

十時○四分，至衛生署聽取簡報，並對今後公共衛生工作要點有所提示。

1 月 25 日　星期六
下午

二時二十五分，飛抵恆春，巡視南灣漁民生活狀況。

1 月 26 日　星期日
全日巡視恆春地區鄉鎮基層機構。

1 月 27 日　星期一
下午

四時三十二分，以茶會招待北部地區公私立大專院校校長及教授，期望教授們培養青年在反共復國大時代中應有的氣質——愛好自由民主、尊重法治秩序、維護中華民族傳統文化而不忘本；且要輔導學生增加新知識、新觀念、新技術的領域，使其發揮智慧才能，為國家社會提供最大的服務與貢獻。

六時五十二分，宴越南參議院議長陳文林等。

1 月 28 日　星期二
上午

八時三十分，至國軍退除役官兵輔導會聽取簡報，並指示加強輔導安置榮民，配合國家需要，再行研擬新的五年計劃。

十時，聽取國家科學委員會及原子能委員會簡報，並對兩委員會未來工作，有所提示。

下午

四時三十分，以茶點接待北部地區中、小學校校長，勉
勵要以愛心和耐心，來教育下一代青少年，培養德、
智、體、群均衡發展，使其成為健全的現代國民。

1月29日　星期三

下午

四時三十分，以茶點接待工商界人士一百二十餘人，勉
勵發揮克難精神，節約增產，創造新工商氣象。

1月30日　星期四

上午

九時，主持行政院院會，對臺中市爆竹商店發生爆炸案
之善後及責任、全面發展農工商業，以及加強對外工作
等，分別有所提示。

下午

四時三十分，以茶點接待電視從業人員，勉勵發揚優良
中華傳統，傳播現代知識技術。

五時〇八分，以晚餐款待情治單位有功人員。

1月31日　星期五

上午

先後聽取新聞局及人事行政局簡報，並對兩局今後工作
重點，有所提示。

2月1日　星期六
上午

十時，主持國防會談。

下午

一時十八分，至北港參觀媽祖廟文物中心，並至雲林四湖鄉等地慰問民眾。

2月2日至3日　星期日至一
【無記載】

2月4日　星期二
上午

十一時，至高雄澄清湖青年活動中心，參加農民節慶祝大會，期勉農友吸收新知，互助合作，努力增產，報效國家。

中午

與全體模範農友們共進午餐。

下午

七時，在高雄圓山飯店接見來華訪問之沙烏地阿拉伯參謀總長夏滿里將軍等一行，並以晚宴款待。

2月5日　星期三

上午

八時三十五分，由參謀總長賴名湯陪同，參觀高雄縣路竹鄉和信興及元寶實業公司，瞭解民生食品生產情形及其價格；並勉勵員工為國家社會製造財富，貢獻大眾。

十一時四十五分，參觀臺南市郊名勝秋茂園，對園內具有社會教育意義的設施，表示讚許。

中午

十二時三十五分，巡視臺南空軍基地，並參觀 F5E 飛機起飛。

2月6日　星期四

上午

九時，主持行政院院會，提示：

一、行政機關處理公務，必須恪遵規定，排除一切非法干擾；並應建立一貫作業的觀念，解除本位主義的弊瘤；地方行政機關尤應以簡明的作風，來從事基層建設工作。

二、有關部會，應研究建立三民主義的經濟體系，以取消不勞而獲的中間剝削。

三、春節將屆，請司法行政部及國防部贈送受刑人每人襪子一雙、毛巾一條、肥皂一塊，表示政府關注之至意；並希望春節期間免除相互拜年，在假期中，作些有益身心的活動。

下午

三時四十七分，參加新聞記者園遊會，勉勵新聞界人士多反映民意及問題，不要說歌功頌德的話。

2 月 7 日　星期五
【無記載】

2 月 8 日　星期六
下午

七時，參加美軍協防司令史奈德夫婦春節酒會。

2 月 9 日　星期日
上午

八時，飛抵花蓮，聽取北迴鐵路第一施工所簡報，並慰問施工榮民及景美村山地民眾。

十時十五分，巡視光復鄉公所及糖廠。

中午

十二時二十六分，訪問玉里模範農民鄔金玉，並巡視榮民醫院、葛樂禮颱風災區、土地重劃區及玉里鎮公所。

下午

三時二十五分，巡視初鹿肉牛專業區，並訪問農民。

四時二十五分，巡視臺東鎮阿尼色佛小兒麻痺之家及馬蘭榮民之家，並祝榮民春節快樂。

2月10日　星期一

下午

五時十二分，巡視臺北火車站輸運旅客情形，嘉許鐵路從業人員辛勞；並巡視龍山寺及中華路等處年景。

晚

發表除夕談話，說明知道大家對政府期望至殷，政府當更加努力，來為民眾謀求福利。

除夕談話

　　親愛的同胞！今天我在電視上和大家見面，正是家家團圓、歡度除夕的時候，我要向大家祝賀春節、祝福人人快樂、事事如意。

　　回想過去這一年中間，最使我感到高興的事，就是我到各個城鎮、農村、海邊、山地、學校、軍中、工廠……參觀訪問，每一位同胞是那樣親切誠懇的和我談天，和我交換意見，使我知道了許多自己所不知道的事，更知道了許多政府應該做而沒有做或者做了而沒有做好的事。每一次的參觀訪問，我不僅帶回一份感謝的心情，而且每一位男女老少同胞忠厚、淳樸、微笑的面容，更深深印在我的腦海中間。同時使我非常感動的，就是在這一年裡面，我收到國內外同胞寫給我的信，大約有兩萬六千五百封，這許多的信，有熱情，也有血淚；有快樂，也有憂傷；有建議，也有批評；有解決困難的要求，也有表達情誼的純誠，其中有一位朋友在一年之中，每天都有一封信給我，從未間斷，不論怎麼

樣，大家的來信都是率直而坦誠的寫出內心深藏的感
情，所以這許多信件，我都非常慎重的處理，當然，不
可能每封信都能有滿意的結果，但是我們總盡力去做，
這許多信件的來往，實在就是一種心靈的互感、情誼的
交流。

　　正由於民眾的期望，我們更加感到政府責任非常重
大，政府更當加緊努力來做好工作，為民眾謀求福利，
而且也要感謝同胞們對於政府的支持和合作，比方說，
在去年一年中間，我們國家遭遇到許多的挫折和困難，
這些挫折我們都能勇敢的承擔，這些困難也大體都得到
解決。今天我們快快樂樂的過年，這就是大家共同努力
的成績，當然，我們國家今後還會遭遇到更大的挫折和
困難，甚至可以說，今後這一年可能是挫折最大、困難
最多的一年，但是我相信，民眾這樣真心誠意的和政府
合作，政府也真心誠意的為民眾服務，甘苦共嘗，患難
同當，那就沒有任何挫折不能承擔，沒有任何困難不能
克服。

　　我們都明白，在新春的開始，任何一個人，任何一
個家庭，都有著新的希望，這個新的希望是要靠每一個
人、每一個家庭自己努力奮鬥才能實現的。同樣，政府
的希望也就是民眾的希望，也要靠民眾和政府一齊努力
奮鬥才能實現。今天，政府所要努力奮鬥的，是要使民
眾的生活比過去更好，社會的秩序比過去更好，政治的
風氣比過去更好；同時也要使軍事的力量比過去更強，
團結的精神比過去更強，政治的基礎比過去更強，我們
要朝這個方向邁開大步，齊力向前。

　　為了努力實現這個希望，政府要求行政工作人員要公忠體國、平心靜氣、穩紮穩打、貫徹到底，而我們也看到，現在政府工作同仁，絕大多數都是本著這種精神和態度，在自己的崗位上努力奮鬥的。因此我要乘這個機會，對於國軍官兵同志和公教同仁的辛勞，表示敬佩的心意。

　　我常常以為，政府做事和每一家庭過日子是一樣的，家務事都要讓每一位家人明白，而每一位家人也都對家庭有責任，政府的事務，國家的困難，同樣都要讓每一位同胞明白，而每一位同胞也都願意共同來推展政府的事務，克服國家的困難，今天我就是本著這種看法，把我心裡要說的話，向大家講出來。

　　現在，我要在復興基地家家團圓、人人歡樂、共渡春節的時候，祝福海外僑胞健康幸福；同時也有一個共同的希望，就是要使大陸同胞早日脫離苦難，都能享受家家團圓、人人歡樂的幸福。

　　各位親愛的同胞，謝謝！

2月11日　星期二　春節

晨

五時四十分，巡視臺北衛戍師。

上午

八時十八分，拜會張岳軍先生。

八時四十分，拜會嚴副總統。

十時四十分，飛抵金門。

十一時五十三分，巡視金門南坑道，並與三十四師一〇
一旅官兵共進午餐。

中午

十二時五十八分，巡視金門城區，參觀農產品展覽，並
向民眾賀節問好。

下午

一時五十五分，至金門運動場，觀賞民間遊藝表演。

2 月 12 日　星期三

上午

八時〇五分，接見金防部首席顧問施福中校。

八時二十分，與戰地師長以上幹部座談。

十時二十分，飛抵澎湖，巡視軍人公墓、馬公公園、成
功水庫、馬公海軍軍區及澎湖縣政府；並訪問馬公商
民，祝賀春節。

中午

與澎湖地區軍政首長共進午餐；並於餐後，訪問澎湖監
獄受刑人，慰問澎湖救濟院住院民眾。

2 月 13 日　星期四

上午

九時，主持行政院院會，宣示：

春節曾赴金門訪問，對戰地軍民在戰備、糧食、士氣上

所表現的充裕與高昂，表示滿意；尤其軍民「安寧而不
放蕩、富裕而不奢侈」的作風，值得後方軍民效法。

下午

四時，先後訪晤周至柔先生、陳故副總統夫人、黃杰先
生、陳大慶夫人、袁守謙先生等。

2月14日　星期五
【無記載】

2月15日　星期六
上午

九時，主持國防會談。

下午

七時三十分，參加美軍顧問團團長那水德少將晚宴。

2月16日　星期日
上午

十時十七分，訪晤陳立夫先生。

2月17日至18日　星期一至二
【無記載】

2 月 19 日　星期三

上午

八時二十三分，約日本政界元老賀屋興宣共進早餐。

十時〇二分，出席中常會。

2 月 20 日　星期四

上午

九時，主持行政院院會。

2 月 21 日　星期五

上午

九時，列席立法院第五十五會期第一次會議，提出口頭施政報告的補充報告，重申反共復國決心，提示同胞必須有四點體認：

（一）大陸七億同胞的命運與中華民國的命運不可分離。

（二）光復大陸、消滅共匪，是我們永不推卸的責任。

（三）臺澎金馬復興基地將永遠存在，成為光復大陸的基地。

（四）一切成功都操之在我。

今天大陸匪區一片混亂，共匪無法解決經濟、軍事、政治諸問題，因此一定會滅亡。而我們臺澎金馬正是萬流砥柱，我們正推行公而無私的廉能政治，把握了經濟發展的大方向；我們了解民情，重視民意；我們本諸不變的國策，堅定的信心，定能完成復國建國大業。

下午

三時，列席立法院會議，答復質詢。

六時，參加行政、立法兩院聯合會餐。

2月22日　星期六

下午

一時五十分，參加臺北區教授春節年會。

2月23日至24日　星期日至一

【無記載】

2月25日　星期二

上午

九時，列席立法院會議，在答復質詢時，

一、重申任何貪污行為，不論其地位、身份、背景如
　　何，一律嚴辦；下屬的貪污行為，其上級主管亦應
　　負連帶責任。為建立廉明政治，政府對最近發生的
　　貪污案件，均已作明確的處理，譬如蔡少明不法
　　貸款案，政府不但嚴辦，對貪污行為知情之主官
　　（管），均依情節輕重，負以不同的連帶責任，政
　　府嚴懲貪污是深具決心的。

二、強調全力發展經濟，使國民豐衣足食，是政府的責
　　任，政府基於國家利益及人民利益，將致力消除中
　　間剝削和少數人壟斷及少數人發財的現象。

下午

三時，列席立法院會議，答復質詢。

2 月 26 日　星期三
上午

八時四十分，出席中常會。

2 月 27 日　星期四
上午

九時，主持行政院院會，對中央及地方行政機關之絕大多數同仁，在過去（六十三年）一年中辛勤努力、求取進步，予以嘉勉；並期望切實推行分層負責制度，強化功能，提高效率，以擔負起日益加重的行政任務。此外對政治風氣之改進、經濟會議之召開以及我與無邦交國家間之實際聯繫等，亦分別有所提示。

下午

六時三十七分，參加多明尼加國慶酒會。

2 月 28 日　星期五
上午

九時，列席立法院會議。

下午

三時，列席立法院會議。

3月1日　星期六
【無記載】

3月2日　星期日
上午

九時三十五分，巡視桃園縣政府，對桃縣執行農工並重
政策，面致嘉許。

十時二十四分，參觀觀音鄉甘泉寺廟會，並慰問海防
部隊。

十一時五十五分，巡視白沙岬沿海防風林枯萎情形；途
經白玉村時，遇歐姓村民嫁女，曾下車贈禮致賀；並為
農民廖運進自費八萬元所建產業道路橋樑，命名為「慈
悲橋」。

中午

十二時十八分，巡視永安漁港，訪問漁民。

十二時四十二分，在南北高速公路南崁交流道附近，參
觀興建中之瑞美地汽車旅館。

3月3日　星期一
上午

七時三十分，參加六十四年全國擴大早餐會，並致詞說
明對政治、經濟、國防、社會各方面之看法，特別強調
國防之重要性。認為生存是發展的重要條件，能生存才
能求發展，國防力量的壯大，就是保障生存的基本力
量，因此，在國家總預算中，國防預算所佔比例較大，

但政府並不因國防預算而減少對人民生活的照顧，我們的國家總預算，實際上以保障國家安全、照顧國民生活為基本要求。最後指出，政府所能貢獻給國家的是一片忠心，政府所能貢獻給國民的是一番誠意，我們本此目標而努力，相信在將來歷史中，非僅少數人被稱為英雄，臺澎金馬的同胞，都是最偉大的英雄。

下午

六時，接見遠征美洲六十三天返國之國泰女子籃球隊，慰勉此行宣慰僑胞、敦睦邦交之辛勞，並祝賀彼等全勝之戰績。

3月4日　星期二

上午

九時，列席立法院會議，在答復立法委員康寧祥質詢時指出：

我們國家是以三民主義為最高指導原則，在此不變原則下，採取不同階段的改革措施，並確立國家奮鬥的目標。現在我們大家像在一條船上，正朝著正確的方向航行，必須同舟共濟，臨危不疑，在臺澎和大陸七億同胞的團結奮鬥下，一定可以完成反共復國的歷史任務。

下午

四時〇五分，參觀梁鼎銘先生遺作展覽。

六時三十一分，祝賀張知本先生壽誕。

3月5日　星期三

上午

八時四十三分，今為陳故副總統逝世十週年紀念日，親至泰山墓園致祭，並慰問陳夫人譚祥女士。

九時四十五分，蒞臨陸軍總部聽取簡報，並與出席人員共進午餐。

3月6日　星期四

上午

九時，主持行政院院會，特別提示：

行政機關自六十一年六月起，執行十項革新措施，其中五、六兩項規定行政人員不得飲宴應酬及濫發請帖、訃告，均能徹底執行；惟邇來有少數人員，因時間較久而有故態復萌之傾向，殊非我們所願見。希各級行政機關首長嚴守分際，以為表率，並切實勸告所屬遵守規定，勿稍逾越，如有故意違反規定者，宜依法嚴厲處分，以堅定政府之要求與做法。

晚

十時，由基隆乘鄱陽艦航赴馬祖。

3月7日　星期五

上午

八時三十分，在東引指揮部早餐，並聽取簡報、對官兵講話。

八時四十六分，巡視東引戰情隊、幹訓班、一線天、東

引國中，並慰問居民。

下午

一時十八分，慰問馬祖村居民，巡視中正國中。

一時五十六分，在陽明圖書館午餐，並聽取簡報。

三時二十二分，巡視梅石士官隊。

三時三十分，對反潛講習人員講話。

三時四十五分，巡視山隴政戰特遣隊、慰問村民。

四時十五分，巡視牛角坑道油料屯儲所。

四時二十五分，聽取駐軍八十四師簡報。

四時四十五分，巡視馬祖中學，並訪問仁愛村居民。

3 月 8 日　星期六

上午

七時三十二分，在雲臺閣早餐，並對幹部講話，勗勉軍民團結一心，與敵人作最後一次戰鬥，贏取光榮勝利。

八時三十四分，至陸軍醫院慰問傷患，巡視馬祖酒廠，訪問福澳村漁港漁民，參觀歷史文物館。

十時十分，巡視華興坑道彈藥屯儲所及一五五砲兵陣地。

十時四十四分，巡視馬祖村天主堂及附設海星診所。

十時五十八分，參觀儲水澳水塘及菜園。

十一時〇六分，巡視勝利坑道油料屯儲所及地下醫院。

中午

十二時三十分，由馬祖乘艦航返基隆。

3月9日至10日　星期日至一
【無記載】

3月11日　星期二
上午

十時，蒞海軍總部聽取簡報。

3月12日　星期三
上午

七時四十六分，在臺北市青年公園植龍柏一株。

九時，出席國家安全會議，就中央政府總預算案提出說明。

3月13日　星期四
上午

九時，主持行政院院會，提示：

關於馬可仕總統宣稱，菲國將與共匪建交一事，外交部的處理方式極為正確，政府應予支持。政府處理外交事務，總要週詳考慮，謀定而動，不能意氣用事，也不能失之草率。我們要繼續堅忍以配合將來有利於我之轉變。二十五年來本人安如磐石，原因有三：

一、總統依據堅定國策領導全國軍民，同心同德為國家
　　前途奮鬥；

二、國軍戰力強大，已達到建軍史上新的高峰；

三、臺灣在戰略位置上有利於防守，而且金門、馬祖屹
　　立於大陸邊緣，使共匪不敢輕於進犯。

希望各位首長領導所屬切實做好分內工作。蓋吾人本身強大，就無懼於一切橫逆之侵凌，而這也才是光復大業成功之關鍵所在。

3 月 14 日　星期五

上午

六時五十七分，至臺北市立殯儀館弔祭梁寒操先生之喪。

七時二十分，約美國前財政部長甘乃狄共進早餐。

十時，至空軍總部聽取簡報。

中午

十二時〇八分，與出席六十四年國軍退除役官兵輔導會議代表共進午餐，並致詞表示：

個人的生命價值，不在其地位高低、財富多少以及其外在虛名，而是在對國家、對別人、對同胞有多少貢獻。榮民們為國家貢獻了一切，中華民國的生命中，就有榮民的血和汗，因此，這生命才有意義、才有價值。我自己沒有什麼可以給大家，願意把自己的生命貢獻給榮民、給國家，以求取反共復國的最後勝利。

3 月 15 日　星期六

上午

九時十二分，偕同夫人飛抵嘉義。

中午

十二時，參觀曾文水庫西興村農場各項設施、慰問榮民，對榮民辛苦耕耘之成果，表示欣慰；並與榮民共進午餐。

下午

四時○六分，轉抵高雄。

3月16日　星期日

上午

七時二十二分，巡視南北高速公路覆鼎金至永康段施工情形，並慰問施工人員。

下午

二時三十分，由岡山飛返臺北。

3月17日　星期一

【無記載】

3月18日　星期二

上午

九時二十三分，至廣博大樓聽取電腦作業中心簡報。

3月19日　星期三

上午

九時，出席中常會。

3月20日　星期四
上午

九時，主持行政院院會，提示：

一、我們對世局的看法是「得之不足喜、失之不足憂」，只要大家處理問題時，認真確實，不犯錯誤，則不論國際風雲如何險惡，也必然可以爭取到最後勝利。

二、南北高速公路工程現正按照計劃順利施工，民眾及基層工作人員對政府的愛護支持，令人感動，我們身膺國家重寄，宜更加努力，方不辜負彼等期望。

三、本月上旬，本人訪問馬祖，欣見軍政各方面許多進步，深以為慰。馬祖鄉村街道非常整潔，中小學學生生活純樸，有良好公德心，教室內桌椅都乾乾淨淨，絕無塗刻毀損等情形，可見消除髒亂應從學校做起，學校又應從保持桌椅整潔做起，希望省市政府引為借鏡。

3月21日　星期五
下午

三時三十二分，參加五院院長會談。

六時三十分，偕夫人參加孫女友梅生日聚餐。

3月22日至23日　星期六至日
【無記載】

3 月 24 日　星期一

上午

九時，在全國經濟會議開幕式中致詞，闡釋本次會議主要之意義，不但要解決今天的經濟問題，而且要貫徹三民主義的經濟政策，使國民足衣足食，過著富裕的生活。因此須廣徵各方意見，釐訂全般大計，發揮團隊精神，產生一致行動。期望與會人士，建立整體觀念，把握會議重點，研討如何充分發揮人力，如何高度運用資源，如何適當分配財力，使國內的經濟潛力得以充分運用，以克服當前的經濟難題，進而達到民富國強的目標。

3 月 25 日　星期二

上午

十時，參加中樞紀念國父月會。

下午

五時，接見美國海軍第七艦隊司令史迪爾中將，就當前亞太地區形勢，交換意見。

3 月 26 日　星期三

上午

九時，出席中常會。
十時，至沙烏地阿拉伯駐華大使館，簽名弔唁費瑟國王之喪。

下午

三時，主持全國經濟會議綜合討論，並表示：將以此次
會議成果，作為大家今後共同努力的開端。

六時三十分，以簡便盤餐，答謝出席全國經濟會議人士
三天來之辛勞，並對彼等提供寶貴意見，表示感謝。

3月27日　星期四

上午

九時，主持行政院院會，提示：

一、沙烏地阿拉伯王國費瑟國王遇刺逝世，我全國國民
　　及政府咸感痛悼；惟沙國卡立德新王英明有為，
　　深信中沙兩國必可更加合作團結，同為反共事業
　　而努力。

二、最近棉越局勢逆轉，世界變亂正亟，益感我國基本
　　國策之正確，亦即無論在任何情況下，我國決貫徹
　　反共政策到底，這將是擊敗共匪，挽救危局的重要
　　關鍵。

三、全國經濟會議已暫告一段落，若干問題已獲致共
　　同性之意見，政府有關部門，應採取措施，負責
　　推動。

此外並對財政金融密切配合，適度放寬融資、加強農村
建設、建立重化工業、充裕動力供應、開拓外銷市場、
加強輸入輸出管制、興建國民住宅、吸引外資僑資以及
簡化財經法令等，均分別有所提示。

下午

六時四十七分，以晚餐款待美國海軍第七艦隊司令史迪
爾中將。

3 月 28 日　星期五

上午

八時二十五分，至聯勤總部聽取簡報。

九時五十五分，至警備總部聽取簡報。

3 月 29 日　星期六

上午

八時三十分，參加全國各界紀念革命先烈暨慶祝青年節
大會，並致詞指出：

最後勝利的一天必將到來，我們中國青年將從臺灣帶回
一束美麗的玫瑰花，到廣州黃花崗獻給七十二烈士，以
慰烈士在天之靈。並勉勵全國青年，要鍛練體格、充實
知識、堅定信念、集中力量，繼承革命先烈的遺志和精
神，在總統領導之下，完成復國建國的使命。

九時五十分，參加春祭。

3 月 30 日　星期日

【無記載】

3 月 31 日　星期一

下午

六時二十二分，參加何一級上將應欽之生日宴會。

4月1日　星期二

中午

十二時三十分，應邀至美國駐華大使安克志官舍午餐。

下午

三時四十四分，參加振興復健中心落成典禮。

五時五十八分，參觀臺灣機械外銷推廣展售會，鼓勵廠商再接再厲，創造更好成果。

4月2日　星期三

下午

三時，出席中央黨政關係談話會。

4月3日　星期四

上午

九時，主持行政院院會，就促使漁業經營企業化、輔導機械工業發展、興建國民住宅及改進民生必需品運銷系統等，分作提示，希各有關部門迅予研辦。

4月4日　星期五

【無記載】

4月5日　星期六

上午

十時，參加張百苓先生百歲冥誕紀念茶會，並致詞推崇張氏為一偉大愛國教育家。

中午

十二時三十八分,至八里鄉陳故上將大慶、鄭故上將介民、鄭故中將挺峯、苟故中將雲森墓地祭掃。

晚

八時三十分,接榮總醫師電話,迅赴士林官邸,時總統心臟病發於睡眠中,血壓下降,情形甚危,經急救至午夜十一時五十分無效,遂告逝世。總統夫人與院長隨侍在側,悲哀跪哭,昏迷不省。

4 月 6 日　星期日

晨

二時許,侍總統夫人移靈於榮民總醫院,並設靈堂拜祭。

上午

於榮總病房接見行政院秘書長費驊,商談公務,並以從政黨員身分向中常會請辭行政院院長職。旋經中常會一致決議挽留,院長感於黨國付託之重,乃決定接受中常會之命,並發表談話:「經國請辭行政院院長職務,頃經中央常務委員會責以『效死勿去』之義,敢不銜哀受命,墨絰從事,期勿負於全黨同志與全國軍民之督望。」

4 月 7 日　星期一

處理治喪有關事宜,於請示夫人後,決定暫厝總統蔣公

之靈於慈湖，俟光復大陸後，再行奉安。

4月8日　星期二
上午

十一時，院長長跪總統蔣公靈前，悲痛不已。女公子孝章自美返國奔喪，在靈堂前與院長相見，父女抱頭痛哭。

4月9日　星期三
晨

六時，舉行小殮，院長照鄉俗為總統蔣公衣藍色長袍及黑色馬褂，並佩勳章。夫人親將總統蔣公平日常讀之三民主義、聖經、荒漠甘泉、唐詩、四書以及常用之禮帽、手杖置於棺內。

上午

十一時，舉行家祭，隨後由嚴總統率全體治喪大員行「移靈禮」。

中午

十二時，侍同夫人及家人伴隨靈車啟程。

下午

一時十分，靈車抵達國父紀念館，安置靈柩於靈堂正中靈臺上。

即晚起，宿於靈堂之後陪靈。

4 月 10 日　星期四
上午

八時，陪侍夫人至桃園慈湖察看安厝之所，並指示治喪
會工程人員注意事務多項。

4 月 11 日　星期五
【無記載】

4 月 12 日　星期六
晨

四時，起身至靈前行禮，一如往昔之晨間請安然。
旋至國父紀念館外廣場，向鵠立排隊等候瞻仰遺容之數
萬群眾道謝。群眾中有許多人高呼「院長為國珍重」，
院長淚流滿面，衣襟為濕。

4 月 13 日　星期日
晨

五時，至靈堂向民眾答禮，並步出館外，向民眾致謝，
有與院長相抱而哭者。

上午

十時許，偕女公子孝章及婿俞揚和，至慈湖檢視厝地工
程，並對工作人員表示謝意。

4月14日　星期一

凌晨

獨跪靈前，哀思良久，然後步下靈臺，向川流不息之民眾致謝。

將總統蔣公最後遺墨「以國家興亡為己任，置個人死生於度外」公之於世。

4月15日　星期二

【無記載】

4月16日　星期三

今為總統蔣公奉厝慈湖之日。

晨

侍夫人至國父紀念館。

上午

八時，行大殮禮，由院長蓋棺（又增置四書一部於棺內）。

九時三十分，起靈。至光復南路口，夫人、院長等向執紼者行答謝禮，懇請各國特使、使節及執紼人員回步。

中午

十二時三十五分，靈車抵慈湖，恭安靈柩於正廳，院長行大禮後，痛極而昏，經醫師治療，數小時始醒。

夜

宿慈湖，並將守靈至五月五日止。

4 月 17 日　星期四

晨

在七海新村分別接見各國特使：美國洛克斐勒副總統、越南陳文林議長、韓國金鍾泌總理等及日本佐藤榮作前首相。

上午

九時五十分，陪侍夫人接見各國特使團人員，面致謝忱。

在凱歌堂參加家庭追思禮拜。

對全國軍民同胞發表談話：「先君崩逝，野祭巷哭，敬禮致哀，悲慟之深情與虔誠之厚意，令人萬分感動。經國遽遭大故，哀慟逾恆，無法踵謝，惟有奉行遺命，鞠躬盡瘁，以報答我全國同胞之至誠與厚意。」

4 月 18 日　星期五

【無記載】

4 月 19 日　星期六

前美軍顧問團團長戚烈拉將軍專程來華祭弔，特約其至慈湖，並同車至角板山，靜坐於梅臺，長談敘舊。

4月20日　星期日

下午

接見司法行政部部長王任遠，為追念總統蔣公一生仁慈愛民，使受刑人改過遷善，並能早日出獄，從新做人，特囑其依法定程序，研訂一減刑辦法，報告嚴總統後從速實施。

4月21日至22日　星期一至二

【無記載】

4月23日　星期三

院長對全國同胞於總統蔣公逝世後，野祭巷哭、哀慟逾恆之表現，至為感動。特於今日分函臺灣省政府主席謝東閔及臺北市市長張豐緒，請轉向臺灣省各縣市長、臺北市各區里長表示謝忱。

4月24日　星期四

【無記載】

4月25日　星期五

上午

九時四十分，美國駐華大使安克志來慈湖弔喪，曾與其長談總統蔣公與中美關係。

4月26日　星期六

聞越南總統阮文紹來臺，特囑人贈送水果，以示安慰。

4 月 27 日　星期日

晨

張發奎先生暨夫人至慈湖恭謁總統蔣公陵寢，院長特以早餐款待，以謝其遠自香港返國奔喪。

4 月 28 日　星期一

今日中國國民黨中央委員會臨時全體會議，公推院長為中央委員會主席並為中央常務委員會主席。

晚

張寶樹秘書長來見面報。

4 月 29 日　星期二

今日為院長生辰。

黎明

至蔣公靈前行禮謝恩，有如往年。

下午

奉夫人手諭：

「經國：今日又屆你的生辰，往年我都為你設席與家人共聚，一享天倫之樂，此次自父親撒手離我你之後，我們再也無此興致作任何怡宴之舉。今晨我特別起得早，為你禱告，祈求上帝給你智慧、健康和毅力，並特別賜福予你。這是我今年以此為壽。母字。」

4月30日　星期三

【無記載】

5 月 1 日　星期四

今日全日讀書記事，對越南之淪亡，曾抒寫所感云：
「想起越南西貢陷共，甚為痛心，此事必將影響世界全
局，吾人務必在外交與政治上詳加檢討，自立自強，以
圖生存發展。」

5 月 2 日　星期五

上午

十時〇三分，在慈湖接見前越南總統阮文紹伉儷。

5 月 3 日　星期六

上午

司法行政部部長王任遠報告有關處理減刑問題，當即指
示：此一方案乃為紀念總統蔣公最具深意之措施，立法
觀點務宜從寬，使在刑者能有大多數人身受其惠。

5 月 4 日　星期日

全國各學校師生在總統蔣公逝世後所表現的哀敬之忱，
以及所展開之各項愛國活動，深具意義，殊為感人。特
函教育部部長蔣彥士，請其轉致謝意。

5 月 5 日　星期一

傍晚

至士林，迎侍夫人至慈湖向總統蔣公之靈敬禮致哀，然
後返回臺北。

5月6日　星期二

上午

九時五十八分，赴總統府晉見嚴總統。

指示財經首長解決工商界困難；指示僑務委員會妥善照顧棉、越僑生。

5月7日　星期三

上午

九時，主持第十屆中央委員會第四二〇次中央常務委員會議，並致詞指出：

總裁辭世，頓失憑依，承臨時中全會之命，接受徵召，敢不盡其心血，為貫徹本黨革命任務而效命致力。

中央常務委員會議致詞

　　總裁崩逝，經國五中摧裂，此種悲慟之情，一如全黨同志，時日愈久，即愈深愈切。

　　今天世局動盪，黨國多艱，總裁辭世，頓失憑依，殷憂大責，有加無已，而衡諸形勢，實非徹底奉行總理遺教與總裁遺訓，不足以救亡圖存。頃經國承臨時中全會之命，接受徵召，深知為黨員一分子，應懍服從負責鞠躬盡瘁之義，但個人此時，於公失領袖，於私失慈父，中心徬徨，情所難堪，原不可承受此一艱鉅。惟以黨國興亡，人人有責，總裁之遺志大願尚未實現，革命任務猶待完成，本黨中央既責經國以「效死勿去」之義，又責以「無忝於總裁之教訓與素志」之教，敢不盡其心血，擴其純誠，追隨中央評議委員、中央委員及全

黨同志之後，以孤臣孽子之心，為貫徹本黨革命任務而
效命致力。

　　總理與總裁之精神，實與本黨同志血肉相連，而本
黨之革命歷史與主義，更為同志精誠血性激勵之所自。
當前大陸共匪猖狂橫決，已至於沸點，敵人之猖狂橫
決，愈見我復興基地之團結奮起，世局之動盪混沌，愈
見我復興基地之安定進步，凡此皆為中興復國之契機。
經國承同志付託之重，亦即受同志責望之深，深願黨中
同志，督教其所不及，以共同致力於總裁「益堅百忍，
奮勵自強，非達成國民革命之責任絕不中止」之遺命，
恢宏本黨歷史，實現本黨主義，經國誓當「以國家興
亡為己任，置個人死生於度外」，開誠布公，堅守原
則，千磨百劫，益勵此心，敬為本黨同志陳其誠悃，至
祈明察。

5月8日　星期四

上午

九時，主持行政院院會，提示：

一、現在一個月的國喪期間已滿，大家對總統蔣公的
　　哀念和崇敬，事實上將刻骨鏤心，永銘五內。我們
　　務必恪遵遺訓，更加團結，更加努力，用工作的成
　　果，來告慰總統蔣公在天之靈。

二、近一月來，棉、越相繼淪陷，我們為亞洲反共的中
　　堅力量，必須以遏阻赤禍的中流砥柱為己任，唯一
　　的康莊大道就是加強團結、發奮圖強、恪守原則和
　　把握政策，一切為國家，一切為人民。共匪唯一害

怕的就是力量，我們有強大的軍事力量，也有高昂
奮發的士氣人心，如何來充實戰備，加強激勵士氣
民心，就是今後主要的工作內容。

5月9日　星期五
上午

八時三十七分，赴中央黨部。

九時二十五分，赴總統府晉見嚴總統。

5月10日　星期六
下午

五時，至慈湖。

七時十分，與緯國先生共進晚餐。

夜

宿慈湖伴靈。

5月11日　星期日
【無記載】

5月12日　星期一
下午

參加新聞局招待新聞界茶會，對新聞界全體工作人員在
國喪期間，闡揚蔣公勳業，促進全民團結以及傳播海內
外同胞哀悼實況的辛勞與貢獻，表示感謝與慰勉。

5 月 13 日　星期二
上午

九時，在中央黨部聽取各單位主管報告。

5 月 14 日　星期三
上午

九時，主持中常會。

5 月 15 日　星期四
上午

九時，主持行政院院會。

5 月 16 日　星期五
上午

八時二十一分，主持大陸工作會報並作提示。

5 月 17 日　星期六
上午

十一時，訪晤立法院倪院長文亞。

下午

七時〇六分，至慈湖謁靈。

5 月 18 日至 19 日　星期日至一
【無記載】

5月20日　星期二

上午

八時二十五分，在中央黨部主持海外工作會及文化工作
會會報。

5月21日　星期三

上午

九時，主持中常會，對行政院從政主管同志所提「中華
民國六十四年罪犯減刑條例草案」，經決議准予備案，
並由中央政策委員會協調立法委員同志儘速完成立法
程序。

5月22日　星期四

上午

九時，主持行政院院會。

院會後，偕同副院長、各部會首長、政務委員等參觀聯
勤業務陳列館及六十一兵工廠國軍武器生產狀況。

5月23日　星期五

【無記載】

5月24日　星期六

上午

七時，至圓山指揮所聽取簡報。

下午

六時〇八分，抵慈湖謁靈。

5 月 25 日　星期日

上午

十一時三十分，與立法、司法、考試、監察四院院長、
總統府鄭秘書長、中央黨部張秘書長在東園散步，並共
進午餐。

5 月 26 日　星期一

上午

九時二十一分，飛抵金門，聽取金防部簡報。
十時十五分，巡視獅振附三部隊、據點、坑道。

下午

二時二十三分，在古崗樓接見美國議員助理訪華團。
三時四十分，巡視金門縣政府。

5 月 27 日　星期二

上午

九時，在擎天廳對基層幹部講話。
九時三十分，訪問美軍顧問組，並巡視金門地方法院少
年觀護所及第三士校。

中午

十二時，至二十七師師部會餐並講話。

下午

一時五十分，聽取虎踞九十三師簡報。

二時十分，巡視發電廠、高砲連、復興嶼、九宮、水頭等處。

5月28日　星期三

上午

八時○五分，至太武山公墓弔祭陣亡將士。

九時三十分，飛抵臺中港聽取簡報、巡視建港工程，並慰問施工人員。

中午

十二時五十分，飛返臺北。

5月29日　星期四

上午

九時，主持行政院院會，提示：

一、大家工作努力的目標：

（一）在社會風氣方面，應建立嚴肅、儉樸的生活方式。

（二）在國防軍事方面，應嚴密部署，加強防禦，確切保衛國家安全。

（三）在經濟方面，應繼續在穩定的基礎上，謀求發展。

（四）在執行預算方面，應厲行節約。

（五）在教育方面，應貫徹教育與生活結合的

要求。

（六）在政治革新方面，應致力肅清貪污。

二、人事行政局擬自七月一日起，在各縣市分設供應
中心，可照辦；惟須注意避免與民爭利，並研擬辦
法，防範福利品外流。

5 月 30 日　星期五

上午

十時，參加中樞紀念國父月會。

下午

四時三十一分，至立法院訪晤倪院長文亞。

5 月 31 日　星期六

【無記載】

6月1日　星期日

上午

十一時四十分，與何一級上將應欽等九人，在慈湖共進
午餐。

6月2日　星期一

【無記載】

6月3日　星期二

上午

七時五十五分，聽取中央黨部各單位工作報告（直至下
午三時五十分）。

下午

四時十二分，集合中央黨部各單位工友同志點名並
講話。

6月4日　星期三

上午

九時，主持中常會。

6月5日　星期四

上午

九時，主持行政院院會，提示：

一、輿論反應及各界批評左列數事，希有關機關注意
　　改進：

（一）交通秩序依然紛亂，須徹底整頓改進。

（二）違建問題依然存在，須嚴防新的違建產生。

（三）奢侈浪費的社會風氣依然未改，須有正本清源之道。

二、各機關宜多注意各報章雜誌之報導，凡與本身業務有關之消息，務須詳析檢討，參考處理，俾政府與民眾間之意見交流能夠暢通。

6月6日至8日　星期五至日
【無記載】

6月9日　星期一
上午

十時，聽取臺北市黨部簡報。

6月10日　星期二
上午

九時，在僑光堂，以「開大門、走大路、擔大任、成大業」為題，勗勉中央黨部及省級黨部同志，應積極從生活上、責任上、精神上、思想上，自覺革新，堅定必勝必成的信心，下定擔大任、成大業的決心，以衝破今天的難關，打開明天的勝利之門。

十一時，訪晤國家安全會議黃秘書長少谷。

下午

四時三十分，接見美國駐華大使安克志。

6月11日　星期三
上午

九時，主持中常會。

6月12日　星期四
上午

九時，主持行政院院會，對中南半島發生巨變後之亞洲
局勢，有所詳論；並就天時、地利、人和等因素，分析
說明我有自立自強地位，任何外來衝擊，均不能影響我
光明的反共復國大業。又臺灣省政府謝主席及臺北市張
市長就職已屆三年，省市工作均有長足進步，值得慰
勉；並希望今後在「致人和」、肅清貪污、培養民眾守
法精神等方面，努力以赴，俾為國家之生存發展，打下
堅實的基礎。

6月13日　星期五
下午

三時三十分，由臺北市張市長陪同，巡視故宮博物院後
山坍方現場，指示救災人員全力搶救被坍方掩埋之三名
技工；並要求故宮博物院加強安全檢查，隨時注意一切
安全設施之增設與檢修。

6 月 14 日　星期六　端午節

上午

八時二十五分,至慈湖,巡視靈堂。

九時二十分,至龜山臺北監獄,探望受刑人,並祝端節快樂;對女受刑人寄託在育幼室之子女,分贈以糖果。

下午

三時〇七分,飛抵屏東,巡視三地門鄉公所、山地國小、聖若瑟醫院、龍泉榮民醫院,並訪問東勢村農家。

六時〇五分,聽取屏東空降部隊簡報,並向全體官兵賀節。

六時五十五分,轉抵高雄。

6 月 15 日　星期日

上午

九時十分,參加臺南成功大學應屆畢業生畢業典禮,勉勵成大學生及全國青年朋友,肩併著肩、手攜著手,共同衝破一切困難,創造國家新機運,走向成功之路。

典禮後,並參觀成大為感戴總統蔣公興建之「中正堂」。

十一時十三分,參觀南鯤「億載金城」,訪問民眾,並巡視鯤鯓新港工程。

下午

一時三十分,至臺南運河觀賞龍舟競賽。

二時三十五分,參觀元寶公司花園餐廳。

晚

八時二十二分，瞻仰澄清湖官邸。

八時五十分，聽取陸軍官校簡報。

6月16日　星期一

上午

六時四十四分，步行巡視陸軍官校學生連及校園。

七時五十五分，與高級軍事將領共進早餐，並接見三軍四校校長及南部地區軍政首長。

十時，接見美軍顧問團團長那水德少將。

十時十二分，主持陸軍官校建校五十一週年校慶典禮，勉勵全體官生遵奉總統蔣公遺訓，在悲痛中創造大無比的新生力量，更團結、更努力，以不屈不撓的毅力，奮鬥不懈，完成反共復國的神聖任務。

中午

與陸軍官校全體師生、中外高級將領及來賓四千多人，舉行大會餐。

下午

一時十二分，由屏東飛返臺北。

6月17日　星期二

【無記載】

6 月 18 日　星期三

上午

九時，主持中常會。

6 月 19 日　星期四

上午

九時，主持行政院院會，提示：

從本年四月份起，工業生產情形已漸趨好轉，希工商業者今後在改進技術水準、引進新的生產方法、健全企業組織等方面多加努力；經濟部並應指導工業技術研究院主動予工商業者以幫助。我們決不以經濟復甦為滿足，而要以更繁榮、更發展為目標，深望主管機關和有關業者共同努力以赴。

中午

十二時十分，偕夫人至慈湖謁陵。

6 月 20 日　星期五

上午

八時二十五分，飛抵臺中，巡視臺灣省黨部，聽取省黨部及中部五縣市黨部主任委員之工作簡報，並對未來努力方針作重點指示。

中午

與出席臺灣省六十四年行政座談會人員，共進午餐，勗勉各縣市長及鄉鎮區長，將全付精神和力量貫注到民眾

身上，建立廉能政治，嚴懲貪污，事事以民眾利益為前
提，為民眾解決困難。

下午
一時三十七分，聽取南投縣黨部簡報，勉勵基層同志做
好為民服務工作。
二時五十分，由謝主席陪同訪問竹山鎮居民錢潮賢，並
品嚐其自產荔枝。
三時三十分，訪問鳳凰村茶農周氏兄弟及鹿谷國小，參
觀鳳凰寺，並巡視竹豐、竹林二社區。
五時三十分，至溪頭。

6 月 21 日　星期六
上午
參觀溪頭觀竹屋、竹林標本區及孔雀園。

中午
十二時三十分，參觀竹山鎮德山寺。

下午
二時，由臺中搭莒光號火車返臺北。

6 月 22 日　星期日
【無記載】

6 月 23 日 星期一

上午

八時四十三分,參加國軍軍事檢討會議,勉勵全體官
兵建立精神思想堡壘,堅持反共原則,努力建軍備
戰,迎接戰鬥,創造光榮的勝利。(在復興崗政戰學
校舉行。)

6 月 24 日 星期二

上午

六時三十三分,參加國軍軍事檢討會議。

下午

五時十五分,與出席國軍軍事檢討會議人員共進晚餐。

6 月 25 日 星期三

上午

八時三十分,接見韓國國會副議長金振晚率領之議員訪
華團。

下午

六時,在復興崗政戰學校晚餐。

6 月 26 日 星期四

上午

六時三十分,訪晤張岳軍先生,隨後至政戰學校早餐。

九時,主持行政院院會,提示:

六十五年度預算即將執行，各機關應切實發揮節約精
神，不容任意浪費。

中午

十二時，至政戰學校午餐。

下午

二時，參加國軍軍事檢討會議。

6 月 27 日　星期五

上午

對參加國軍軍事檢討會議人員講話。

6 月 28 日　星期六

【無記載】

6 月 29 日　星期日

上午

留於慈湖。

下午

二時，至角板山梅臺小坐，俟經復興鄉、小烏來返回
臺北。

6 月 30 日　星期一

【無記載】

7 月 1 日　星期二
上午

十時起，先後巡視大學聯招金華國中及臺大考場，慰問考生及家長。

7 月 2 日　星期三
上午

九時，主持中常會。

下午

四時三十分，接見美國駐華大使安克志。

五時，接見美國眾議員松永。

五時三十分，接見印尼情報局局長尤卡。

7 月 3 日　星期四
上午

八時三十分，接見美國陸軍技術團主任費可福。

九時，主持行政院院會。

下午

五時，約美國駐華大使安克志夫婦在七海新村茶敘。

7 月 4 日　星期五
上午

九時，飛抵高雄，巡視高雄煉油廠、楠梓丙烯腈工廠、台塑公司仁武廠、仁武加油站及中台化工公司高雄廠。

下午

三時四十分，巡視大林火力發電廠及林園石油化學工業區。

7月5日　星期六
上午

八時〇五分，巡視軍校聯招高雄中學試場，慰問陪考家長。

九時，巡視中興鋼廠、臺灣機械公司、高雄造船廠及中鋼公司大鋼廠建廠工程。

下午

二時，巡視石岡水壩工程。

四時，巡視德基水庫及發電廠。

六時，觀賞武陵煙聲瀑布，訪問農家。

7月6日　星期日
晨

巡視思源埡口特戰部隊。

上午

八時二十六分，乘車北返。

下午

四時二十分，抵慈湖謁陵。

7 月 7 日　星期一
【無記載】

7 月 8 日　星期二
上午

九時三十分，接見國家科學委員會主任委員徐賢修。

十時，接見美國運輸部助理部長戴維斯。

7 月 9 日　星期三
上午

九時，主持中常會，提示：

一、中日斷航後，由於日本外相已正式表示承認青天白
　　日國旗為中華民國國旗，已可考慮復航。

二、我與菲、泰雖斷絕外交關係，但該兩國皆已同意另
　　設民間機構，以保持實質關係，在航空方面，華
　　航已分別與菲航、泰航簽訂民間航空協定，為時
　　五年。

三、十大建設進度，大多均能提前，僅少數工程因技
　　術上困難或財務上問題而稍為延後者，亦正研究
　　克服中。

四、三家電視臺為爭取廣告，忽視其所負社教責任，節
　　目中常具有反作用之報導，黨政機關應徹底予以整
　　頓、改組。

五、經濟發展情況至四月份已開始好轉，足堪告慰。
　　未來半年，對能源問題及對外貿易等，仍須特別留
　　心，惟政府已擬有計劃，自克次第克服困難。

7月10日　星期四

上午

八時三十分，接見美國關島總督鮑大流夫婦。

九時，主持行政院院會，對中日復航、與菲泰中止邦交
情形、十大建設工程之檢討及行政機關若干觀念和作風
之建立等，分別有所提示。

7月11日　星期五

【無記載】

7月12日　星期六

上午

八時三十分，接見巴拉圭駐華大使安思壽。

九時，主持國防會談。

十時三十分，接見陳衣凡等六人。

下午

五時二十分，抵慈湖謁陵。

7月13日　星期日

下午

七時五十四分，巡視臺北監獄，並對減刑人予以慰勉。

7月14日　星期一

晨

五時四十五分，至臺北監獄，探視減刑人出獄情形，並

慰問監獄工作人員之辛勞。

下午

七時，至慈湖謁陵致敬。（今為總統蔣公逝世百日
忌辰。）

7月15日　星期二

上午

接見司法行政部部長王任遠，嘉勉圓滿達成減刑任務，
並囑對工作績優人員予以獎勵。

下午

五時，接見美國眾議員幸姆斯及印尼國會副議長那羅。
六時，訪晤林語堂先生，謝其專程回國謁陵。
六時三十分，訪晤陳立夫先生。

7月16日　星期三

上午

九時，主持中常會。

下午

五時四十二分，巡視一一〇坑道。

7月17日　星期四

上午

八時三十分，接見美國范登堡大學校長赫德。

九時，主持行政院院會。

下午

四時三十分，接見旅菲僑領姚迺崑等三人。

五時，接見日本產經新聞社社長松本龍二夫婦等。

五時三十分，接見國家安全局局長王永樹。

晚

十時，搭乘洛陽艦航赴馬祖。

7月18日　星期五

上午

八時三十分，抵西引，巡視大隊部、福利中心，訪問民眾。

九時三十分，抵東引，聽取指揮部簡報、巡視坑道，並對官兵講話；隨後巡視市街、鄉公所，慰問民眾。

下午

二時十五分，至福澳慰問民眾。

四時，巡視暑期戰鬥營、戰車部隊、八十四師幹訓班及師部、連江縣育幼院，並慰問民眾。

7月19日　星期六

晨

在雲臺閣與馬祖守備部隊幹部共進早餐，並點名、講話。

上午

十一時十一分，巡視西犬軍事設施、慰問民眾。

中午

十二時三十分，巡視東犬懷古亭、軍事單位、士官隊，
對營級以上幹部點名、講話，並慰問民眾。

下午

一時五十分，乘艦返基隆。

7 月 20 日　星期日

上午

十一時二十七分，抵慈湖謁陵。

下午

六時三十分，參加哥倫比亞國慶酒會。

7 月 21 日　星期一

上午

十一時，至立法院訪晤倪院長文亞，對立法委員通過政
府所提出之重要法案，請轉致謝意。

下午

五時，接見海外留學生三十三人。

7 月 22 日　星期二

上午

九時三十分，赴總統府晉見嚴總統。

十一時二十五分，訪晤袁守謙先生。

十一時五十分，訪晤王叔銘將軍。

下午

五時，接見「讀者文摘」中文版總編輯林太乙女士，並表示「讀者文摘」是一本很公正的刊物。

7 月 23 日　星期三

上午

八時，接見三軍大學校長余伯泉上將。

八時三十分，接見日本議員大野明。

九時，主持中常會，提示：

剛才聽了香港時報曾社長恩波同志的報告，對在港從事文教、黨務、僑務……同志，皆能在惡劣環境中與匪面對面的作戰，黨自應對他們表示慰問，亦必盡全力予以支援。並希望促請在港工作同志，注意把握一個重點：匪之所作所為，無一不為對我極不利、極有害之舉措，以達其打擊我之目的，我們要把握這一認識，排除一切精神上、環境上的壓力，才不致為匪所乘。

下午

四時起，接見東吳大學法律系主任呂光等十人。

7 月 24 日　星期四

上午

八時三十分，接見教廷傳信部部長羅西。

九時，主持行政院院會，提示：

保持分秒備戰精神，妥善實施完成立法之法案，肅清貪污，培育專技人才，建立社會節約風氣，加強為僑胞服務。

十時，接見前警備總司令尹俊及新任警備總司令鄭為元。

下午

四時，接見新任聯勤總司令羅友倫。

五時，接見日本正論評論家訪問團林三郎等十人。

七時，至桃園在桃園縣縣長吳伯雄宅晚餐。

八時三十分，至慈湖。

7 月 25 日　星期五

晨

在慈湖與桃園縣縣長吳伯雄共進早餐。

上午

八時起，巡視大溪鄉公所、大溪行邸、中正公園，並訪問民眾、商店。

十時三十三分，至陸軍總部聽取簡報。

隨後巡視龍岡營區並聽取簡報。

7月26日   星期六
上午

八時三十分，接見臺灣機械公司董事長羅列。

九時，主持國防會談。

7月27日   星期日
上午

九時，在陽明山中山樓主持中國國民黨六十四年黨務工作會議，期勉全黨幹部同志，遵奉總裁訓示，肩負重任，為主義及黨的政策，奮鬥到底。

下午

五時三十四分，至慈湖。

參加國家建設研究會之學者、專家，集體至慈湖恭謁總統蔣公陵寢，院長親在靈前答禮致謝。

7月28日   星期一
上午

在陽明山中山樓主持六十四年黨務工作會議。

下午

五時，接見美國麻省理工學院主事會主席強森等二人。

7月29日   星期二
晨

在陽明山中山樓主持六十四年黨務工作會議。

上午

九時三十分，接見李毓庭等三人。

十時，參加中樞紀念國父月會。

十一時五十二分，至陽明山中山樓參加六十四年黨務工作會議。

下午

五時，主持六十四年黨務工作會議閉幕禮，期勉全黨工作同志，運用智慧，講求效率，努力達成黨的決策。

六時三十分，與出席六十四年黨務工作會議同志會餐。

7 月 30 日　星期三

上午

八時三十分，接見美國顧貝克教授。

九時，主持中常會。

下午

二時三十分，接見曹聖芬等。

四時，接見美國前財政部部長安德森。

四時三十分，接見梁國樹、汪彝定等。

7 月 31 日　星期四

上午

八時三十分，接見約旦交通部部長蕭伯基。

九時，主持行政院院會。

院會後，接見臺北市市長張豐緒。

十一時五十分，至慈湖。

8 月 1 日　星期五

上午

九時五十分，接見日本交流協會臺北事務所所長卜部敏男。

今日指示交通部等有關單位，對昨日遠東航空公司班機失事傷亡人員，應妥善照顧，並就民航事業的安全與發展加以檢討。

8 月 2 日　星期六

上午

九時，主持國防會談。

8 月 3 日　星期日

上午

八時，在三軍軍官俱樂部，以早餐款待參加國家建設研究會之海內外學人與其眷屬，並致詞指出：

舉國上下，精誠一致，已形成空前團結，中華民國政府在臺澎金馬各項建設的輝煌成就，即為我們成功的保證。盼望學人帶回新知，提供意見，對國家建設貢獻更多的助力。

九時十七分，至中央氣象局，聽取「妮娜」颱風動向簡報。

十時二十分，至警政署「天然災害防救中心」，聽取防颱簡報。

十一時，巡視臺北市環河南街一帶各水門抽水站及臺北

縣警察局防颱中心。

8月4日　星期一
【無記載】

8月5日　星期二
上午

十時，接見新聞局駐紐約辦事處主任陸以正。

十一時，接見美國國會議員助理訪問團。

下午

四時，接見美國眾議員波格納、歐布連、白蒂斯等
五人。

四時三十分，接見中鋼公司總經理趙耀東。

8月6日　星期三
上午

九時，主持中常會。

下午

四時，接見陸戰隊司令孔令晟等六人。

五時，接見聯合報記者張作錦。

8月7日　星期四
上午

八時三十分，接見賴索托總理府部長曼尼第。

九時，主持行政院院會，對國家各項經濟建設、青年就
學就業、駐外工作人員、地方建設人才、臺灣地區治
安、電視事業改進、分層負責制度以及肅清貪污等問
題，分別有所提示。

下午
三時，主持中央黨部工作會議。

8 月 8 日　星期五
【無記載】

8 月 9 日　星期六
上午
九時，主持國防會談。

下午
六時十五分，抵慈湖。

8 月 10 日　星期日
【無記載】

8 月 11 日　星期一
上午
十時，接見考選部部長鍾皎光。

8月12日　星期二
上午

九時三十分，赴總統府晉見嚴總統。

下午

四時三十分，接見日本國會議員山中貞則。

五時，接見經設會主任委員張繼正等。

六時三十分，接見輔導會主任委員趙聚鈺。

七時，參加嚴總統招待海內外學人之遊園會。

8月13日　星期三
上午

八時三十分，接見中央評議委員斐鳴宇。

九時，主持中常會。

下午

四時，在三軍大學聽取簡報。

8月14日　星期四
上午

九時，飛抵臺中，在成功嶺聽取大專學生集訓班簡報。

十時，主持六十五年度大專學生暑期集訓第一梯次結訓典禮，勉勵全國青年要自立自強，樂觀奮鬥，到國家需要我們的地方，去創造，去奮鬥，去服務。

十一時四十五分，與集訓大專學生代表共進午餐。

中午

十二時三十七分，巡視黎明社區臺灣省政府員工住宅。

下午

一時十四分，聽取臺中港工程處簡報，巡視防波堤、沉箱製造、碼頭打樁等工程，並慰問施工榮民。

四時三十五分，飛返臺北。

8 月 15 日　星期五

上午

八時，以早餐款待美國巡迴大使甘乃迪等。

十時，接見中美工業創新及新產品發展研討會出席人員。

十一時，接見美國國會議員助理訪問團。

8 月 16 日　星期六

上午

八時，主持國防會談。

中午

抵達臺灣省訓練團，與接受講習之臺灣省各級農會總幹事二百九十三人，共進午餐；勉勵彼等輔導增產、加強運銷，以提高農民收益，減輕都市消費大眾負擔；並應建立農會「以農業為本，以農民為主」的觀念，使農會成為農民福利與農業發展之有效組織。

下午

二時三十分，參觀埔里太平社區，巡視南光國小。

四時五十分，巡視日月潭青年活動中心。

8月17日　星期日

上午

八時〇六分，至國姓鄉北山村慰問民眾。

八時五十六分，參加在臺灣省訓練團舉行之六十四年度臺灣區國中校長會議，致詞勉勵五百六十餘位校長，腳踏實地，發揮愛心和高度智慧，辦好國中教育。

十時四十分，至草屯訪問田徑女傑李秋霞及其家人。

下午

一時十二分，參觀日月潭玄奘寺、慈恩塔後，至涵碧樓休息。

我中華青棒隊及中華美和青少棒隊，今晨雙雙蟬連世界冠軍，特電致賀。

8月18日　星期一

上午

九時五十二分，巡視臺中縣政府，勉勵縣府工作人員為地方建設作更大貢獻。

十時十八分，參觀新萬仁化學製藥公司收藏之各項珍貴歷史文物。

十時五十八分，飛返臺北。

8 月 19 日　星期二
上午

十時，接見中鋼公司董事長馬紀壯。

下午

三時三十分，接見聯合報發行人王惕吾等五人。

五時，接見美國駐華大使安克志。

8 月 20 日　星期三
上午

八時三十分，接見日本勞動總同盟及民社黨國會議員訪華團一行八人。

九時，主持中常會。

8 月 21 日　星期四
上午

八時三十分，接見美國洛克菲勒副總統特別助理葛瑞德。

九時，主持行政院院會，提示：

一、匪區動亂情形，遠較一般人所想像者為嚴重，希國防部集中力量，依照所訂敵後工作計劃，切實執行。

二、上週花蓮、宜蘭、臺南等地區豪雨成災，有關救災及重建等工作，特提出七項意見，希各機關迅即參考辦理。

十時三十分，接見美國通用器材公司董事長夏比羅。

十一時，接見史瓦濟蘭王國工務、電力暨交通部部長恩
朱瑪洛等二人。

十一時三十分，接見美國康乃爾大學經濟學教授葛
倫遜。

中午

十二時，接見周傑。

下午

六時，抵慈湖。

8月22日　星期五

上午

九時三十分，參加中樞紀念國父月會。

8月23日　星期六

上午

七時五十五分，至臺大醫院探望錢思亮夫人、閻振興
夫人。

八時三十分，接見司法行政部部長王任遠。

九時，主持國防會談。

十時三十分，先後接見俞國華、邱創煥、李廉等。

8月24日　星期日

上午

八時三十分，至嘉義縣政府聽取地方豪雨災情報告。

十時〇五分，至臺南縣政府聽取地方豪雨災情報告，並指示應即全面治理急水溪，研究是否需要改道。

十一時十八分，至鹽水鎮大豐里、學甲鎮頂洲里，慰問災民，並巡視決堤災區。

中午

十二時十一分，至學甲鎮大陸農牧場，詢問受災情況。

十二時四十分，至北門鄉烏腳病防治中心，慰問病患。

下午

二時二十分，巡視塊寮地區災情。

三時十三分，巡視和順仁愛中心。

三時五十四分，至臺南市市長張麗堂宅聽取災情簡報。

四時四十分，飛返臺北。

8 月 25 日　星期一

下午

四時三十分，接見美國國會議員訪問團。

五時二十五分，蒞臺北市錦西街火災現場，慰問災民，並指示迅即展開救濟工作。

六時，參加烏拉圭國慶酒會，並向在場之烏籍愛蘭娜女士致意。

8 月 26 日　星期二

上午

九時，蒞臨懷恩堂參加故劉大中夫婦追思禮拜。

十一時，蒞臨臺北市行政會議，勗勉市政工作人員，工
作要勤，公事要快，手續要簡，生活要儉樸，態度要
和氣，共同為建設有精神、有朝氣、有秩序之臺北市而
努力。

下午
五時，接見美國眾議員派斯曼。
五時三十分，接見美國陸軍技術團主任凱雷。

8月27日　星期三
上午
十時，在政治作戰學校中正堂主持陸、海、空軍官校暨
政治作戰學校聯合畢業典禮，勗勉全體畢業學生發揚
三軍一體、親愛精誠之團隊精神，「生活在一起」、
「戰鬥在一起」，就必能「成功在一起」、「勝利在一
起」，再造國民革命軍的大勳大業。

下午
四時四十分，接見臺南籍立法委員張文獻，對彼在此次
臺南縣水災中關切災區搶救及災後重建工作之表現，面
予讚許。

8月28日　星期四
上午
八時，接見吳大猷博士。
九時，主持行政院院會。

院會後，主持行政院政治小組會議。

下午
五時五十五分，抵慈湖。

8 月 29 日　星期五
上午
九時五十分，榮獲世界青棒及青少棒世界冠軍之中華青棒隊及中華美和青少棒隊全體隊職員及其家屬，至慈湖恭謁總統蔣公陵寢，院長曾予接見致謝，並期勉大家術德兼修，共同創造國家榮譽，同時贈送每一隊職員紀念品一份並合影。
十一時二十五分，返回行政院。

8 月 30 日　星期六
上午
八時，接見經濟部部長孫運璿。
八時三十分，接見哥斯達黎加經濟部部長桑傑士。
九時，主持國防會談。

中午
十二時○五分，飛抵金門。

下午
三時三十分，參觀金門西園塩場，聽取金城地方法院簡報，慰問金城民眾；並至一一五觀測所聽取簡報、巡視

坑道。

8月31日　星期日
上午

先後巡視二膽、大膽守備部隊及陣地、播音站、醫院
等，並慰問守軍官兵及住院傷患。

中午

聽取復興嶼駐軍擎天部隊簡報，並與官兵共進午餐。

下午

四時，巡視儲油池，參觀長江發電廠、自來水廠及擎天
水庫。

9 月 1 日　星期一

上午

七時二十六分，與金防部官員共進早餐，並進行座談。

發表告大陸同胞書，號召大陸同胞、共軍、共幹團結奮起，反毛共，走向自救救國大路。

告大陸同胞書

親愛的大陸同胞們：

　　你們生活在暗無天日的痛苦生活中，已有二十六年了，差不多二十六歲以下的大陸同胞，如同出生在監獄和勞改營的囚犯和奴工，生來就被毛共剝奪了自由幸福，根本不知道世間有所謂自由幸福。二十六年來，你們的眼淚已經流乾，你們的血汗已被搾盡，所以你們不得不發出「我們一無資、二無產」、「我們要工作、我們要吃飯」、「我們要家人來團圓」的痛苦呼號。但是毛共不但沒有絲毫改善你們的生活，相反的，它還不准你們填飽肚子；不但沒有給予你們一點點最低限度自由的念頭，而且還在強迫你們加緊「反潮流」的鬥爭，加緊「鬥資批修」的鬥爭，加緊對「階級復辟」的鬥爭，要你們「年年鬥、月月鬥、日日鬥」，向你們「靈魂深處」進行反覆的殘酷的迫害的大鬥爭。

　　大陸同胞們！臺灣海峽阻隔不了我們血濃於水的血緣關係，毛共鐵幕也阻隔不了我們對你們精神的、生活的種種關切。我們中國國民黨總裁蔣總統心心念念，就是要團結海內外同胞的力量，來拯救大陸同胞，不幸在今年四月五日，這一位民族偉人逝世，自由國家非常悲

悼，而全國同胞更是人人哀痛，但是蔣公雖然去世，蔣
公的思想和精神始終是我們復國建國的指導。蔣公在遺
囑中特別告訴我們：「中正之精神自必與我同志同胞常
相左右」，「實踐三民主義」，「光復大陸國土」。今
天我們在臺澎金馬復興基地，人不分男女老幼，地不分
東西南北，還有海外二千一百萬愛好自由的僑胞，都站
在我們這一邊，人人更加精神團結，更加奮力向前，化
悲慟為力量，化追思為行動，決心實踐蔣公遺訓，用臺
澎金馬復興基地的建設做基礎，來光復大陸，摧毀毛共
政權，使我們的大陸同胞重享自由幸福。

中國國民黨在國父領導之下，推翻了幾千年來的帝
王專制，接著總裁蔣公東征北伐，統一了全國，就都是
為了一個神聖的目標──建立一個自由獨立富強和平的
中國，但是

──當我們北伐的時候，毛共武裝叛亂，造成分裂，阻
　　撓北伐，也就是要阻撓中國的統一；

──當我們對日抗戰的時候，毛共勾結日寇，攻擊國
　　軍，阻撓抗戰，也就是要阻撓中國的復興；

──當我們戰後開始建設的時候，毛共擴大叛亂，阻撓
　　國家建設，也就是要阻撓中國人民的復國建國。

毛共使我們國家沒有一天得到和平，使我們社會沒
有一天得到安定，而民國三十八年，更竊據大陸，建立
偽政權，大陸同胞從此失去自由，過著水深火熱的日
子。所以毛共是我們每一個有血性良知的中國人不共戴
天的敵人。

毛共的罪惡只是這些嗎？不，毛共還有許多寫不完

數不清的罪惡：

在對日抗戰中間，它勾結日寇，出賣國軍，使我們犧牲了百萬以上的軍隊和同胞；

在毛共叛亂時期，它搞出各種各樣的「統戰」，顛倒是非，造謠中傷，使許多人曲解了也污衊了中國人民為復興國家所作的一切努力和艱苦；

毛共廿多年來，口口聲聲一切是人民的，一切是為人民，但至今大陸人民都是它變相的奴隸，沒有買賣的自由，沒有行動的自由，沒有讀書升學的自由，沒有選擇工作的自由，沒有「說話」的自由，更沒有「不說話」的自由；

在毛共搞它赤化中國的陰謀的時候，在中國的國土上反覆叛亂，不要自己的國家，不要自己的民族，「一面倒」倒向蘇俄，現在毛共雖然其勢洶洶的反蘇，造成俄毛之間緊張的局勢，但是誰都記得，毛共喊蘇俄為「老大哥」、「老子黨」，因為它不折不扣是靠蘇俄帝國主義起家的。今天北平所謂「人民廣場」，還高高的掛著馬恩列史的照片，豈不證明它徹頭徹尾是馬恩列史的徒眾？這也就知道，俄毛之間的鬥爭，不過是共產國際奪權鬥爭的延續而已，毛共與蘇俄同樣的還在分別加緊進行其搞世界「無產階級革命」的赤化陰謀，這一本質始終沒有改變。不過俄毛之間的鬥爭雖是其內部鬥爭，卻將造成共黨集團最後的崩潰滅亡。由這一切勾當，更加明白，無論如何它也掩飾不了它出賣國家民族的罪行；毛共處心積慮出賣國家民族，所以必先出賣中華文化，它要「破舊立新」，是破中華文化之「舊」，

立馬恩列史共產文化之「新」。毛共更要用馬列思想的蝌蚪子——毛澤東思想來消滅中國人的思想，所以毛共不是中國人，是假中國人，是藉中國人之名、害中國人之實的假中國人。

大陸同胞們——二十六年了，中華文化、民族命脈，都在被毛共斷送摧殘之中，你們受到的壓榨剝削和迫害，也一天比一天加大加深。但是誰能忍耐？誰能承受？所以大陸各地，不斷的有著反抗暴政的革命行動，而毛共就不斷的搞「整風」、搞「反右派」、搞「兩條路線的鬥爭」；現在更想用『加強無產階級專政』「限制資產階級法權」的藉口，進一步來鎮壓和剝削，儘管它們不斷的剝削，不斷的鎮壓，但是抗暴行動從來不曾停止。最近各省的工人、農民、知識份子、下放青年和共軍退伍復員官兵為反對壓榨剝削而發動的反抗，正在向各地蔓延發展。在夏糧被強徵之後，又遭受水旱災荒，因而哀哀無告、生活陷於絕境的農民，也風起雲湧的響應，而杭州地區的工人同胞，還進行了「停工、停產、停水、停電、停交通」的「五停」行動，就在這個時候，毛共派出了共軍，開進工廠，進行鎮壓，可是不僅沒有鎮壓下來，這一行動還發展到廣州、到武漢……。另一方面，毛共從中央到地方，所謂黨政軍文財的一撮一撮的共酋共幹，正在或明或暗，進行著你砍我殺的鬥爭。凡是愛國憂時的中國人都知道，今天大陸內外交迫、哀鴻遍野，實在是毛共統治一切罪惡的總爆炸。我們全體中國人團結一致，起而自救救國的時機已經到了！

我們生活在臺澎金馬復興基地以及遍及海外的中國人，和大陸上的同胞，都是骨肉兄弟，我們在復興基地，每三家有一部電視機，每兩家有一部電冰箱，每五十個人有一部汽車，每十個人有一部機器摩托車，同樣的骨肉兄弟，為什麼你們不能有同樣水平的生活？我們不忍看你們不眠不休的「挑燈夜戰」，還不能「按勞分配」；不忍看你們自己種幾棵菜，就被打成「單幹風」；更不忍看你們做牛做馬的做工，還得不到幾張有點油水可加的糧票油票。中華民國政府在臺灣，毛共偽政權在大陸，同樣經過了廿六年，拿今天的臺灣和大陸來作個對比，究竟中華民國政府能夠代表中國人民的意願和利益呢？還是毛共偽政權能夠代表中國人民的意願和利益呢？

三十年前，我們大陸同胞浴血抗戰，犧牲人力物力，就是為的光復臺灣，拯救被日本軍閥統治的臺灣同胞，而廿六年來，我們中國國民黨和中華民國政府，在臺灣復興基地所領導的革命事業，不知道克服多少的艱難和困苦，也就是為的求得國家的生存，維持民族的命脈，進一步來建設、來發展、來光復大陸，解救在毛共箝制迫害下的大陸同胞。

大陸父老兄弟們！你們的一切苦難，全是萬惡獨夫毛澤東這一小撮人所造成，大家要為自己爭生活、爭生存、爭生命，就再也不能為它們一小撮人邪惡的思想路線所束縛，再也不能為它們一小撮人的權力慾望而鬥爭。尤其毛共各級幹部和共軍官兵們！如今大陸同胞的抗暴運動，已經如火如荼，毛澤東一小撮人正在為它們

作最後的安排和掙扎，在它們的爭權奪利中，你們得到
了什麼？你們被「下放」，被驅迫「批林批孔」，被派
遣去鎮壓「反革命」，你們今天是幹部，是共軍官兵，
隨時可以一夜之間就被打成「反黨」「反革命」，成為
新老幹部鬥爭的犧牲品。現在你們再也不能聽毛共的擺
佈，再去壓迫大陸同胞，加深他們的痛苦。其實今天所
有的中國人只有兩派：如果不站在七億人民的一邊，就
站在毛澤東萬惡元凶的一邊；如果不替被壓迫、被剝削
的廣大工農和知識分子說話，就一定成為大家誓死反對
的壓迫者和剝削者；何去何從，全在你們自己的選擇，
中國國民黨、中華民國政府、大陸與海外的所有中國
人，都在期待你們參加自救救國的行列。而安危禍福、
忠奸順逆，也就在於你們的一念之間。

　　大陸同胞們！今天毛共的危機，正如它一小撮頭目
們的悲鳴「一根火柴可能造成萬頃森林的毀滅」，所以
作為中國國民黨中央委員會主席，我要向各位父老兄弟
姐妹們說明：

──大陸每一人民，都是我們時刻關心、必須爭得自
　　由、重見天日的同胞；

──所有覺醒起義的毛共幹部和共軍官兵，都是我們並
　　肩反共的戰友；

──大陸每一角落，都有我們中國國民黨黨員，也都有
　　我們的工作組織和同志，海上馳援、空中支助、敵
　　後起義就都將是我們對毛共作戰的空間；

──我們再度申明本黨總裁蔣公生前對大陸同胞發出
　　的三項保證、十條約章；我們有特種電台、特種部

隊，隨時會和大陸各個抗暴起義團體聯絡支援。

大家都非常明白，自救救國的行動，再也不能遲緩，再也不能猶疑，希望大陸同胞們，結合工農兵的反共抗暴大行動、大同盟；匯合小的抗暴行動，就成為大的反共行動；匯合小的鬥爭力量，就成為大的打擊力量。更進一步和我們在自由地區的同胞們結合起來，集中海內外共同的力量，把所有的箭頭，對準毛共，讓所有行動，來一致討毛。

大陸同胞們！起來吧！是時候了！

總裁蔣公生前對大陸同胞發出的三項保證及十條約章

三項保證

甲、凡脫離共軍起義來歸的官兵，均與國軍袍澤一視同仁，論功行賞。

乙、凡參加反共工作的各政治集團、各民間組織，除共產黨外，不論其過去政治立場如何，一律享有平等合法的權利，循憲法規範與公平競爭的原則，共同努力，重建「民有、民治、民享」三民主義的新中國。

丙、凡參加共黨組織份子，除萬惡元兇之外，只要其願為反共革命效力，概本脅從罔治和既往不究的寬大精神，一律予以赦免，並保障其生命財產的安全。

十條約章

第一條　廢除共黨奴役壓榨的人民公社暴政，恢復人民的家庭團聚與生活自由。

第二條　人人可以保有其自己耕種的土地。

第三條　人人可以支配其自己的糧食、衣物和生活必需品。

第四條　人人可以自由選擇職業，並享有自己工作的所得，政府絕不干涉。

第五條　依循憲法規範，賦予人民宗教信仰、學術研究、集會結社、居住遷徙的充分自由。凡參加反共工作的政治集團、民間組織，不論過去政治立場如何，一律循憲法規範，享有平等合法權益。

第六條　嚴禁「階級」歧視與尋仇報復，恢復我國忠恕仁愛的善良風俗與安寧秩序。

第七條　凡中共陸海空三軍將士，能就地起義立功，或接應我國軍反攻，攜械來歸者，一律論功行賞，凡擊斃或拘捕其阻礙我反共起義者送交國軍，更予以重獎，並准擢升三級。

第八條　能帶領一排、一連、一營、一團、一師、一軍兵力，反共起義者即以排、連、營、團、師、軍長委任，按其功績晉升官級，並賦予其所光復地區行政長官之權。

第九條　凡中共公安部隊、邊防軍、民兵組織，能參加反共行動，破壞共黨暴政設施者，一律比照上項規定，予以獎勵。特別是其能掩護反共志士及支援人民反共行動者，不論其為軍為民，除保障其生命財產安全外，並按其功績，予以重用或特獎。

第十條　所有共黨的黨團幹部人員，凡參加反共革命工
　　　　作者，皆認其為中華民國的公民，並認其為國
　　　　民革命一份子，一律既往不究，並保障其生命
　　　　財產及家屬之安全。

9月2日　星期二
上午
八時，約美國前駐華大使莊萊德夫婦共進早餐。
九時十八分，至臺北市立殯儀館弔祭胡適夫人江冬秀女
士之喪。
九時三十五分，祝賀陳立夫先生壽誕。

9月3日　星期三
上午
十時，參加秋祭。
十一時十五分，抵慈湖。

下午
二時三十分，國防部副參謀總長王多年上將率全體國軍
英雄模範至慈湖，恭謁總統蔣公陵寢，院長在場答禮，
並勗勉大家為國為民，奮發圖強，實踐領袖遺訓，完成
反攻復國、實行三民主義的責任。

9月4日　星期四
上午
八時三十分，接見賴比瑞亞工商暨交通部部長鄧尼斯等

二人。

九時，主持行政院院會，對教育與建設不能配合問題、教育界不良風氣問題、地方政府之人事紀律問題、重要地區應籌建低廉而具有相當醫療水準之醫院診所等，分別有所提示。

十時三十分，接見外交部部長沈昌煥等五人。

下午

三時，主持中央黨部工作會議。

9月5日　星期五

上午

八時三十分，接見立法委員郭登敖。

九時三十分，赴總統府。

十時三十分，接見立法委員佘凌雲、朱如松。

9月6日　星期六

上午

九時，主持國防會談。

十時十五分，接見外交部駐泰主任沈克勤、新聞局駐法主任龔政定、中國時報董事長余紀忠等。

9月7日　星期日

上午

七時〇三分，至臺北市立殯儀館弔祭輔導會秘書長宋達之喪。

八時，約美國前國防部部長賴德共進早餐，就當前世局交換意見；餐後陪同賴氏至慈湖恭謁總統蔣公陵寢。

9 月 8 日　星期一
上午
八時三十分，接見立法委員吳延環。
九時，接見海地外交部部長布魯突斯並贈勳。
九時十五分，接見立法委員鄧翔宇、張子揚、趙石溪、蕭天讚、李宏基等。

下午
四時，接見立法委員周文斌、張季春、趙自齊、陸京士、黃通等。
七時三十分，偕夫人參加美國駐華大使安克志夫婦晚宴。

9 月 9 日　星期二
下午
三時四十二分，至三軍軍官俱樂部參加接受日軍投降紀念日茶會。

9 月 10 日　星期三
上午
九時，主持中常會，聽取社會工作會「當前宗教聯繫輔導工作的做法與改進意見」報告後，提示：
一、我國為信仰自由之國家，任何正當宗教均可傳教；

但如有藉傳教為名，實際從事破壞國家利益之陰謀
者，我黨政有關單位應在維護國家利益的原則下，
對此等破壞行為予以密切注意，並依法予以取締。
二、宗教應為非營利事業，惟亦有少數教會、寺廟仍流
於牟利，且有住持亦自稱董事長或總經理者，希在
聯繫輔導時，勸令改進。

下午

四時，接見潘振球等三人。

9月11日　星期四

上午

九時，主持行政院院會。

院會後，接見臺北市市長張豐緒等。

9月12日　星期五

【無記載】

9月13日　星期六

上午

九時，主持國防會談。

九時五十八分，至陽明山雙重溪，參加孫故院長哲生
先生逝世二週年祭及墓園落成典禮，並慰問孫故院長
夫人。

下午

五時三十六分，至慈湖謁陵。

9 月 14 日　星期日

【無記載】

9 月 15 日　星期一

上午

十時，接見臺北市市長張豐緒等。

下午

五時，接見沙烏地阿拉伯工了突奇，並贈勳。

六時三十分，參加哥斯達黎加、尼加拉瓜與瓜地馬拉三
國聯合國慶酒會。

9 月 16 日　星期二

上午

八時三十三分，赴總統府。

十時三十分，接見日本議員訪問團。

下午

六時五十三分，抵慈湖謁陵。

9 月 17 日　星期三

上午

九時三十分，在松山機場恭送夫人赴美。

十時，主持中常會。

常會後，接見日本前防衛廳長官山中貞則。

下午

三時三十分，接見世盟土耳其分會主席但維杜魯。

四時，主持情治座談。

五時三十分，接見美國合眾國際社副總裁畢蒂等三人，告知彼等我有製造核武器能力，但決不製造來傷害自己同胞；我國力能自衛，既不企盼，也不需要美軍來防衛臺灣。

9月18日　星期四

上午

八時三十分，接見孫運璿、胡新南。

九時，主持行政院院會，提示：

一、十項建設均在積極進行，每一設計階段，必須審慎將事，尤須嚴格監工，以達到工程應有之水準。

二、新醫師法已公布施行，希省市衛生單位依其規定嚴格監督執行。

三、臺北縣雙溪鄉牡丹礦發生重大災變，希臺灣省政府督同有關單位辦好救傷和卹亡工作，並由礦務局查明原因，確擬改進措施。

四、各銀行造成呆賬之現象，須予根絕。

五、由中央組織技術服務團協助各縣市鄉鎮推動地方建設，所需人員之來源，希作研究，可否就大專畢業生中調選及約聘部份高級專家。

六、中秋節將屆，請司法行政部及國防部購置月餅，分
　　送各監所在押受刑人，以表關懷。

下午
四時三十分，接見西德情報局副局長勞勃茲。

9 月 19 日　星期五
上午
八時十分，由臺灣省政府主席謝東閔、苗栗縣縣長邱文
光陪同，巡視明德水庫、象山製茶工廠、苗栗縣政府、
凡利陶瓷廠、公館蠶絲廠、景山牧場、卓蘭鎮公所，並
在景山牧場對牧農表示，將續解決養牛戶之困難。

下午
二時，巡視中興嶺營區並聽取簡報。
六時，抵溪頭賓館。

9 月 20 日　星期六
上午
八時二十分，由臺灣省政府主席謝東閔陪同，遊覽南投
名間鄉松柏嶺風景區受天宮，並與當地民眾共度秋節。
九時二十三分，訪問彰化縣田尾鄉種苗運銷合作社，
對該社前以百年榕樹連同塔柏百株移植慈湖陵寢，表
示謝意。
十時十四分，巡視彰化縣政府。
十時三十九分，巡視成功嶺大專集訓學生操課情形，並

勉勵學生，實踐領袖遺訓，明辨民族大義，放開壯懷眼界，投向戰鬥，投向建設。

中午

十二時，與成功嶺集訓大專學生代表共進午餐，歡度秋節。

下午

一時三十五分，返抵臺北。

八時十分，抵慈湖謁陵。

9月21日　星期日

上午

十時四十二分，至臺北縣雙溪鄉牡丹礦場，聽取礦方對日前發生災變之詳細報告，並至工寮慰問罹難礦工家屬、巡視礦坑口及坑口作業情形。

下午

五時，在七海新村接見印尼外交部部長馬立克，並以茶點款待。

9月22日　星期一

上午

八時四十五分，在松山機場歡迎巴拉圭總統史托斯納爾訪華。

十一時三十分，至圓山飯店拜會巴拉圭總統史托斯

納爾。

下午

一時,抵慈湖。

巴拉圭總統史托斯納爾率領訪問團一行至慈湖總統蔣公
陵寢獻花致敬,院長在旁答禮並親自接待。

六時四十分,送巴拉圭總統史托斯納爾返圓山飯店。

晚

八時,偕夫人參加嚴總統歡迎巴拉圭總統史托斯納爾之
國宴。

9 月 23 日　星期二

上午

九時,列席立法院第五十六會期第一次會議作口頭施政
補充報告,重申不與共匪妥協,不與蘇俄來往,堅守民
主陣容,實行三民主義,加強內部團結,建設強有力的
軍事力量等基本國策。

下午

三時,列席立法院會議。

六時三十分,參加行政、立法兩院聯合會餐。

9 月 24 日　星期三

上午

九時,主持中常會。

晚

八時，參加巴拉圭總統史托斯納爾在圓山飯店舉行之答謝我國朝野人士酒會及晚會。

9月25日　星期四

上午

八時三十分，主持為巴拉圭總統史托斯納爾舉行之經建簡報。

十一時，主持行政院院會。

下午

五時二十分，在松山機場歡送巴拉圭總統史托斯納爾離華。

9月26日　星期五

上午

九時，列席立法院會議。

下午

三時，列席立法院會議，在答復質詢中，說明：

政府之政策建立在國家和大眾的利益上，以國家和大眾的利益為利益，只要「有弊必除，有利必興」，必能開展我們光明的前途。

9 月 27 日　星期六

上午

九時十二分，飛抵臺東，聽取臺東縣縣長黃鏡峰有關貝
蒂颱風災情報告，巡視東河鄉泰源村、泰源赤糖工廠、
泰源國小及成功鎮白守蓮社區等地災情，並慰問災民。

下午

一時四十七分，至鹿野鄉和平村「擺仔擺部落」巡視
災情。

二時三十分，至我國少棒發祥地紅葉村訪問村民，並吟
「紅葉白瀑，青山綠水，天下第一棒」詩句。

四時五十分，徒步回到延平鄉桃源村。

六時十六分，飛抵恆春，並轉至墾丁賓館。

9 月 28 日　星期日

上午

九時，參加屏東縣各界紀念孔子誕辰暨慶祝教師節大
會，殷勉與會人員要愛國家、愛同胞、愛家庭，此三者
精神一貫，希望大家身體力行；並代表屏東縣政府頒獎
優良教師代表。

會後，參觀孔子廟，並訪問竹田鄉農家，垂詢農民生活
及試植三期水稻情形。

下午

四時三十分，至高雄市訪晤陳啟川。

五時○二分，至大新百貨公司購物，並與民眾及售貨員

寒喧。

五時五十分，至青年活動中心參觀青年活動。

9月29日　星期一

上午

八時十九分，在高雄圓山飯店接見中鋼公司外籍顧問。

九時，在高雄師範學院，主持青年商會十大傑出青年頒獎，勉勵青年們要不畏艱鉅、奮發圖強，不計個人名利，朝理想目標邁進。

十時二十三分，至中船公司，聽取中鋼、中船聯合簡報，並巡視中船公司各部門，慰問工程人員辛勞。

中午

十二時五十二分，飛返臺北。

下午

五時，主持財經會談，提示：因應油價措施，力求物價穩定，保持經濟發展。

9月30日　星期二

上午

九時，列席立法院會議，在答復質詢中，說明政府因應油價上漲措施，係基於四項原則：

一、照顧大眾生活。

二、維持物價穩定。

三、鼓勵經濟復甦。

四、增強外銷能力。

中午
與在立法院旁聽之臺大、政大學生交談、合影。

下午
六時，接見駐巴拉圭大使胡炘。

10月1日　星期三

上午

八時三十分，接見沙烏地阿拉伯國務大臣阿布都瓦西。

九時，主持中常會。

十一時，接見參謀總長賴名湯。

10月2日　星期四

上午

八時三十分，接見比利時國會議員沈萊彌等四人。

九時，主持行政院院會，對屏東地區風災後之重建、臺灣林業之經營、教育風氣之改進及新醫師法之執行等，分別有所提示。

下午

三時，主持中央黨部工作會議。

四時三十分，參觀六十四年外銷電子電器展覽會。

10月3日　星期五

上午

八時三十分，接見沙烏地阿拉伯鐵路局局長奧哥沙比。

九時，列席立法院會議。

下午

三時，列席立法院會議，在答復質詢時表示：

一、政府誠意歡迎僑胞回國探親，辦理入出境證件，將免收工本費。

二、「紅包」送禮賄賂，應改稱「臭包」，凡是發現貪污情事，無論情節大小，一定依法嚴辦。

三、政府施政掌握大方向，同時事無大小均盡全力達成所負責任，在執行過程中，如發現錯誤，則必立即改正。

四、農會法施行後，希望農會一定成為農民的農會，不能為少數人把持。

五、對養牛事業，消費者的利益和畜牧事業者的利益，必須兼顧。

六、寄望計程車司機維護交通秩序，注意禮貌儀態，對汽油加價應了解政府苦衷。

七、政府對所有自己同胞，皆一視同仁，希望大家發揮和衷共濟的精神，來達成反共復國的神聖任務。

五時三十分，參加韓國光復節及軍人節慶祝酒會。

10月4日　星期六
上午

八時，主持國防會談。

九時，接見孫義宣等七人。

10月5日　星期日
上午

八時五十五分，飛抵花蓮，由花蓮縣縣長黃福壽陪同，巡視新城鄉北埔國小等地災區，指示風災重建工作；並續巡視亞洲水泥廠生產情形、崇德隧道施工情形，參觀加灣養豬專業區，垂詢大陳新村義胞生活，慰問榮民之

家年老榮民。

中午

十二時，巡視陸軍第六十四師，並聽取簡報。

十二時十分，在花蓮市信義街溢香扁食店午餐，並與附近居民招呼。

午餐後，至和平街訪晤地方耆紳駱香林先生。

下午

一時，至臺灣省立花蓮醫院慰問病患。

一時十一分，在花蓮縣政府聽取簡報後，飛返臺北。

10月6日　星期一
【無記載】

10月7日　星期二
上午

九時，接見美國華盛頓州州長艾文斯等五人。

九時三十分，赴總統府。

下午

五時三十分，接見宏都拉斯國防部部長秦啟亞。

六時，以茶會款待出席亞洲議員聯合大會人員。

10月8日　星期三

上午

九時，主持中常會。

10月9日　星期四

上午

八時三十分，接見韓國商工會議主席太完善。

九時，主持行政院院會，提示：

值此國慶前夕，大家在此「有所待」中就必須「有所為」，也就是要發揮「忍辱負重」的精神，把握「奮發圖強」的意念，拿出全部的「心力」和「精力」，向前看、向前想、向前做，使我們的國家，能一步一步朝向光明的目標前進。

10月10日　星期五

上午

八時，祝賀林語堂先生八一壽誕。

九時，參加中樞慶祝中華民國六十四年國慶紀念典禮。

十時，參加國慶閱兵典禮，並和回國僑胞、民眾和各地前來之村里長、中小學教師握手致意。

下午

二時，在淡水河畔，參觀國軍戰技表演。

六時，偕夫人參加國慶酒會。

10月11日　星期六
上午

十時，抵達宜蘭，聽取宜蘭縣縣長李鳳鳴有關去年水災後重建工程之簡報。

十時四十六分，在蘇澳港施工處聽取簡報，並乘小艇巡視南方澳及北方澳施工情形，慰勉施工人員。

中午

十二時四十三分，在北迴鐵路八號隧道口，參觀「大約翰」隧道開掘機，並在施工處與榮工共進午餐。

下午

一時二十二分，巡視蘇澳冷泉後，乘火車返臺北。

10月12日　星期日
上午

九時十五分，偕同政務委員周書楷、美國駐華大使安克志，飛抵澎湖巡遊林投公園、成功水庫、通樑大榕樹及跨海大橋。

十一時四十六分，在馬公第一招待所午餐。

中午

十二時四十二分，乘車巡視馬公街道一週。

下午

一時十分，飛返臺北。

四時，至陽明山中山樓參加嚴總統款待華僑茶會。

10 月 13 日　星期一
上午
九時三十分，接見美國阿利桑那州州長葛士卓等。
十時，接見美國眾議員魏爾遜等四人。

下午
四時十八分，抵慈湖。

10 月 14 日　星期二
上午
十時四十分，由慈湖返抵行政院。

下午
五時，接見美國駐華大使館科技助理柯雷克。

10 月 15 日　星期三
上午
八時三十分，接見史瓦濟蘭總理辜瑪洛。
九時，主持中常會。
十時三十分，接見臺灣大學法學院院長韓忠謨。

下午
三時，參加黨政關係談話會，表示：
政府將徹底清理過去所制定之法律，並力求法律內容簡

單、顯明，符合實際需要。

10月16日　星期四

上午

九時，主持行政院院會，在提示中，除指出今年國慶典禮中大家看到許多清晰的進步事實外，並提出今年內政工作重點，請各主管機關注意辦理：

一、辦好全國性之教育會議。

二、召開十項經建工作檢討會議。

三、積極研訂六年經建計劃。

四、繼續努力發展經濟。

五、辦好增額立法委員選舉。

六、加強對外工作。

七、新醫師法實施後所產生之問題，宜早設法解決。

下午

四時起，分別接見南非川斯凱自治區司法部部長馬坦吉瑪及美國國會議員助理訪問團。

五時，接見中央黨部文化工作會委員曹伯一等九人。

10月17日　星期五

上午

十時，聽取所得稅簡報。

下午

四時，接見國際關係研究中心副主任魏鏞、臺大哲學系

主任黃振華、研究發展考核委員會副主任委員許新枝及
中央銀行副總裁梁國樹。

10 月 18 日　星期六
上午
八時，主持國防會談。
九時，接見胡旭光、翁岳生等。

下午
六時十分，抵慈湖謁陵。

10 月 19 日　星期日
上午
八時四十五分，在臺北市立體育場，參加臺灣區運動會
開幕式，為眾首長競走發令，並勗勉全體與會代表及運
動選手，加強團結，同舟共濟，完成總統蔣公遺志，光
復大陸國土。

10 月 20 日　星期一
上午
十一時三十分，巡視政治大學遭雨水淹沒之校園、教
室，參觀員生餐廳，指示注意衛生、營養。

10 月 21 日　星期二
下午
四時，主持對外工作小組會報。

10月22日　星期三

上午

八時三十分，接見海外蒙藏同胞回國致敬團團長色德巴
及薩迦吉達爾達欽。

九時，主持中常會。

10月23日　星期四

上午

九時，主持行政院院會。

十時三十分，接見梁永章。

下午

四時，接見銓敘部部長石覺等十一人。

五時三十分，接見美國自由作家墨斐。

10月24日　星期五

上午

九時五十分，祝賀馬超俊先生九十壽誕。

10月25日　星期六

中午

飛抵臺中清泉崗基地。

下午

一時四十五分，以中國國民黨中央委員會主席身份，參
加臺灣省黨部首任主任委員翁俊明先生銅像揭幕禮，並

致詞強調臺灣同胞和大陸同胞是血肉相連的一家人；中
國國民黨和臺灣同胞也是患難與共的一家人。三十年
中，中國國民黨和中央政府是如何地為光復臺灣而努
力，今天我們臺灣同胞，也要同樣地為解救大陸同胞而
努力奮鬥。

三時〇五分，參觀臺中市議會民俗展覽。

三時三十分，在中興大學參加慶祝臺灣光復三十週年紀
念酒會。

四時五十分，巡視竹山富洲社區。

六時四十五分，抵日月潭涵碧樓。

10 月 26 日　星期日
上午

八時三十分，訪問國姓鄉北山村居民張讚盛。

九時，巡視草屯鎮平林國小，並與露營之一百多位男女
青年合影。

十時二十五分，飛返臺北。

10 月 27 日　星期一
【無記載】

10 月 28 日　星期二
下午

四時三十分，接見法國退伍軍人組織訪華團達樂等
四人。

五時，接見美國駐華大使安克志。

10月29日　星期三
上午

七時三十分，至嚴總統官邸祝賀壽誕。

八時，在中央黨部頒發紀念章予十五位同志。

九時，主持中常會。

下午

四時起，分別接見美國喬治亞洲州長白士比、土耳其參議員顧巨基、葛里翰牧師夫婦等。

10月30日　星期四
上午

九時，主持行政院院會。

下午

五時四十三分，抵慈湖謁陵。

10月31日　星期五
上午

十時，參加總統蔣公誕辰紀念大會。

11 月 1 日　星期六

上午

八時，主持國防會談。

十時，至國賓飯店訪晤日本前眾議院議長船田中。

11 月 2 日　星期日

上午

八時，約葛理翰牧師共進早餐。

下午

三時，至臺北市立體育場，參加葛理翰牧師佈道大會。

11 月 3 日　星期一

上午

九時，主持全國教育會議揭幕，並致詞闡釋教育的總目
標，一在培植國家深厚的力量，作為反攻復國的後盾；
一在創造青年光明的前途，以倫理、民主、科學的教育
方式，來改變青年氣質，使人人有所長、人人有機會對
國家民族作最大的貢獻。

中午

十二時，接見旅美學人李敏求。

下午

六時三十分，參加巴拿馬國慶酒會。

11月4日　星期二
【無記載】

11月5日　星期三
上午

九時，主持中常會。

九時三十分，參加全國教育會議綜合討論。

下午

三時，聽取全國教育會議討論結果報告。

五時，主持全國教育會議閉幕式，並提示：

今後教育工作重點，在於建立人事體系制度與密切配合經建計劃；教師對學生應發揮愛心及耐心，盡一切力量來造就學生的良好氣質。

六時，與參加全國教育會議人員共進晚餐。

11月6日　星期四
上午

七時，在劍潭青年活動中心，與救國團專任幹部共進早餐，勉勵青年認清對國家責任，發揮蓬勃朝氣，克服任何困難，保衛基地，反共復國，以完成總統蔣公的期望。

早餐後，至中心診所慰問師大校長張宗良。

八時三十分，接見劉玉章上將。

九時，主持行政院院會。

下午

三時，主持中央黨部工作會議。

11 月 7 日　星期五
【無記載】

11 月 8 日　星期六
上午

九時十二分，抵達陸軍官校，聽取簡報。

十時，主持陸、海、空三軍官校及政戰、憲兵、財經學校入伍生聯合結訓典禮，勉勵三軍一體，全軍一心，如兄如弟，如手如足，不屈不撓，努力奮鬥，實踐總統蔣公遺訓，完成反共復國使命。

十一時三十分，參加三軍六校入伍學生大會餐，並致詞解釋國軍推行「毋忘在莒」的意義，軍事上是以少勝多，政治上是不忘責任。

下午

一時三十分，遊覽田寮鄉風景區月世界。

三時二十四分，訪問高雄市市長王玉雲宅，垂詢市政建設；並步行至第七期市地重劃區，參觀施工情形。

11 月 9 日　星期日
【無記載】

11月10日　星期一
下午

四時三十分，接見旅美學人薛光前。

五時，接見瓜地馬拉國會第一副議長潘森等二人。

五時三十分，接見雷炎均、趙金鏞、姚守中等。

11月11日　星期二
【無記載】

11月12日　星期三
上午

九時十八分，訪晤黃秘書長少谷。

九時四十五分，參加國父誕辰暨第十屆文化復興節紀念大會。

下午

四時，抵慈湖謁陵。

11月13日　星期四
上午

八時三十分，接見約旦運輸部部長哈珊。

九時，主持行政院院會，提示：

一、上週全國教育會議所提出之意見及方案，應請教育
　　部會同有關機關詳訂實施方案，妥善執行，而對於
　　國家建設所需人力之培養與運用問題、教科書之編
　　印問題、大專畢業生之畢業考試與任用資格考試宜

如何合一問題、國民教育與國民精神教育如何加強問題，以及如何從根本上改進大專聯招問題等，應優先辦理。

二、換發國民身份證，宜改由工作人員，在事先通知之時間，至各戶受理申請，以加強為民眾服務。

三、本年回國參加十月慶典之僑胞近兩萬人，現已陸續返回僑居地，宜專函各僑團致謝；今後並應保持密切聯繫，以結合國內外反共力量。

四、臺灣省政府辦理社區計劃極有成就，主要因素是基層工作人員之素質普遍提高——已有由大專畢業學生充任者，彼等敬業樂群，忠於職守，政府宜多加鼓勵。

11 月 14 日　　星期五

下午

三時，探望連震東病況。

四時，聽取六十六年度總預算簡報。

11 月 15 日　　星期六

上午

七時三十分，至臺灣大學，祝賀其成立三十週年校慶，並於校運會揭幕前，向全校師生致詞指出，青年前途與國家前途，緊密地結合在一起，這個時代的青年，擔負了救國家、救民族和救大陸同胞的重大責任，希望青年們強身求知，不忘救國，必能邁向光明的前途。

十時，飛抵左營，在中國工程師學會第四十屆年會暨各

專門工程師學會聯合年會中致詞，提示當前國家奮鬥的目標、原則和政策，並說明新的六年經濟建設計畫的重點和內涵，勉勵全國工程師們更進一步共同為國家建設提供更大更多的貢獻。

下午

四時十五分，遊覽貓鼻頭，並巡視恆春漁港建港工程。

11月16日　星期日

上午

七時二十三分，訪問恆春鎮鎮長龔新通。

八時〇五分，巡視牡丹鄉公所，聽取山地建設概況報告，期勉做好山地行政，多為山胞謀取福利。

九時〇二分，慰問旭海村山胞。

中午

在楓港「速簡飯店」午餐。

下午

二時三十分，至屏東縣縣長柯文福宅稍事休息，即乘機飛返臺北。

11月17日　星期一

【無記載】

11 月 18 日　星期二

上午

八時，訪晤國家建設委員會周主任委員至柔。

九時，赴總統府。

十時，訪晤張秘書長寶樹。

下午

三時三十分，接見美國經濟學家海耶克博士。

四時三十分，接見中央研究院院長錢思亮。

五時，接見中韓經濟協進會第八屆聯席會議韓國代表團崔泰涉等七人。

11 月 19 日　星期三

上午

八時三十分，接見美國企業管理學家杜拉卡教授。

九時，主持中常會。

11 月 20 日　星期四

上午

八時三十分，接見美國全國商會會長莫瑞森。

九時，主持行政院院會，於聽取衛生署王署長所提「修正醫師法實施情形檢討報告」後，曾提示有關事項，望徹底加以改善。

十一時，接見六十四年度優秀青年工程師、工程獎章及工程論文得獎人，對彼等卓越成就，深為讚揚，並期勉為國家提供更多貢獻。

十一時三十分，接見臺北縣縣長邵恩新。

下午

四時，接見國際獅子會總會會長阿士朗等。

四時四十六分，巡視桃園縣政府。

六時三十分，赴慈湖謁陵。

11 月 21 日　星期五

上午

九時，由慈湖返臺北。

下午

五時二十六分，訪晤俞大維先生。

六時，至中央氣象局預報中心巡視，並垂詢「裘恩」颱
風動態。

11 月 22 日　星期六

上午

八時，主持國防會談。

會談後，接見宋長志、魏景蒙。

十時，主持財經會談，研討當前經濟發展情勢及未來六
年經建計劃成長目標。

十一時三十分，先後接見陳衣凡等四批。

11 月 23 日　星期日

【無記載】

11 月 24 日　星期一
上午

十時，主持中國國民黨中央委員會表揚六十四年度示範
小組長及優秀基層幹部大會並頒獎，勉勵全體同志，發
揮自我奉獻精神，為民前鋒，不畏艱難，以堅毅不拔的
精神，肩負比一般國民更多、更重的責任，並引導全體
國民向復國建國的偉大目標，奮發邁進。

下午

五時，接見東吳大學法學院院長呂光。

11 月 25 日　星期二
今日報載：（中央社利馬二十四日專電）西班牙文版
「讀者文摘」本月份刊載記者麥克雪莉所撰一篇有關中
華民國行政院院長蔣經國的文章和一張他的近照，讚揚
蔣院長生活樸素，勤政愛民。

上午

十時，接見張繼正等三人。

11 月 26 日　星期三
上午

八時三十分，接見美國眾議員譚尼爾。

九時，主持中常會。

下午

五時五十分，至慈湖謁陵。

八時〇六分，返抵臺北。

11月27日　星期四

上午

九時，主持行政院院會。

十一時十五分，赴總統府。

下午

五時，接見多明尼加外交部部長希孟奈斯夫婦，並接受其代表多國政府所贈獨立元勳大十字金徽勳章。

六時二十八分，參加多明尼加外交部部長希孟奈斯之酒會。

11月28日　星期五

上午

八時，接待監察委員前來行政院巡察。

九時，參加黨政關係座談會（監察部門），在以從政同志身分答復監察委員所提巡察意見時表示：政府絕不以調整匯率來刺激輸出，也絕不以通貨膨脹來刺激生產，政府決定採取協助外銷事業輸出七項措施，是為穩定物價，安定大多數民眾生活，其基本原則是穩定與發展兼顧。

下午

三時，接見旅西班牙學人鮑克俊等五批。

四時三十分，先後接見美國運通公司董事長克拉克、國
際製造技術研討會之學者專家美國惠特萊公司董事長康
恩等七人、約旦內政部部長塔爾福尼及南非駐華總領事
金開德。

11 月 29 日　星期六
【無記載】

11 月 30 日　星期日

上午

十一時，訪晤外交部部長沈昌煥。

12月1日　星期一

下午

四時三十分，接見經濟部部長孫運璿等十一人，研商未
來六年經建計劃有關事項，並指示務使全民瞭解，充分
支持。

五時三十分，接見國防部部長高魁元及司法行政部部長
王任遠。

六時，參加中非國慶酒會。

12月2日　星期二

上午

九時，接見美國前副總統安格紐。

十時，接見國際企業社紐約總社總經理符立曼。

十時三十分，接見中鋼公司董事長馬紀壯、總經理趙
耀東。

12月3日　星期三

上午

八時三十分，接見以色列情報局局長何飛。

九時，主持中常會。

12月4日　星期四

上午

九時，主持行政院院會。

十時三十分，接見駐韓國大使朱撫松。

下午

三時，主持中央黨部工作會議。

四時三十分，先後接見美國華文報業訪華團、日本眾議員小坂德三郎及東京急行電鐵社長五島昇、第三次東亞工商企業者會議日本代表團。

12 月 5 日　星期五

上午

八時三十分，主持十項建設工作檢討會議，並作七點提示，期使監工、驗收，務求確實；人財物力，充分運用。

下午

五時，接見旅美學人溫陵熊。

12 月 6 日　星期六

上午

九時，主持國防會談。

十一時，飛抵中部，參加中華農學會六十四年聯合年會揭幕，勉勵與會之各農業專門學會會員，貢獻農業技能，灌輸農民新知識及新技術，協助政府達成建設農村、繁榮農村之目的。

十一時三十分，參觀農業機械展覽及溫帶水果展覽。

下午

一時〇七分，在中興新村臺灣省政府主席謝東閔官舍

午餐。

二時三十分，訪問國姓鄉北山村張讚盛所開設之「大眾食堂」，並與當地居民話家常。

12月7日　星期日

上午

九時，參觀南投縣水里鄉大觀發電廠、振昌木材公司，並慰問操作員工。

十一時二十分，參觀竹山鎮福田社區、農民活動中心、瑞竹國中、瑞竹林業合作社。

中午

接受瑞竹林業合作社前任經理王瑞琳之邀，至其住宅午餐，品嘗竹筍及甘藷等土產。

下午

一時三十分，參觀竹山鎮農村工業區，並訪問南投縣縣長劉裕猷住宅，並作小憩。

三時三十分，飛返臺北。

12月8日　星期一

【無記載】

12月9日　星期二

上午

九時，聽取國防部、臺灣省政府及臺北市政府概算

簡報。

下午

五時三十分，接見美國助理國務卿哈比，聽取有關美國福特總統訪問中國大陸匪區之經過簡報，哈比並重申美國與我友好關係不變。院長亦向其表示，中華民國反對美國與毛共偽政權交往，並認為中美友好關係存在，亞洲才有永久和平。

12 月 10 日　星期三
上午

十時四十六分，至臺北市立殯儀館弔祭羅奇先生之喪。

八時三十分，接見意大利民族報特派員畢齊納利。

九時，主持中常會。

十時十五分，主持中央常務委員座談會。

十一時十一分，接見張秘書長寶樹。

下午

四時，至榮民總醫院探慰李國鼎、秦孝儀、陳良、黎玉璽等。

12 月 11 日　星期四
上午

八時三十分，接見韓國文教部長官柳基春，盼今後中韓兩國在學術及教授交換上，增進彼此密切之關係。

九時，主持行政院院會。

院會後，接見國防部部長高魁元，僑務委員會委員長毛松年。

下午

五時，接見美國ABC公司記者雷森納，在訪問談話中指出：美如承認匪偽，要對歷史負責，因此舉將使全世界受害。共匪制度有如癌症，難逃必敗必亡之命運。革命成敗全靠人心，我國必能收復大陸。

12月12日　星期五
上午

八時三十分，主持十項建設第二次檢討會議，提示：
十項建設有其整體價值，是與整個國家建設相配合的。各項建設一定要不計任何困難，按照既定計劃貫徹到底，使我們國家成為一個現代化國家。

下午

六時，參加美國駐華大使館副館長酒會。

12月13日　星期六
上午

十時十八分，訪晤中央黨部張秘書長寶樹。

下午

五時四十分，抵慈湖謁陵。

12 月 14 日　星期日
【無記載】

12 月 15 日　星期一
上午

十時，在國父紀念館主持行政院擴大月會，以「迎接新的一年」為題，檢討當前局勢，提示今後國家奮鬥的目標、原則和政策；並以「總統蔣公病中隨筆」分贈出席人員，作為大家精神修養和獻身報國的箴言。

下午

四時三十分，接見土耳其眾議員艾維西等六人。
五時，接見亞盟第二十一屆會議暨世盟第九屆執行委員會議各國代表二十四人。

12 月 16 日　星期二
上午

七時十八分，約美國駐華大使安克志共進早餐。
十時，接見美國中央情報局副局長史蒂文斯。

12 月 17 日　星期三
上午

八時，接見約旦情報局局長歐必達。
九時，主持中常會。

下午
五時四十分，參加韓國駐華大使金桂元款待第十屆中韓
經濟合作部長級會議雙方代表團酒會。

12月18日　星期四
上午
八時三十分，接見中韓經濟合作部長級會議韓國代
表團。
九時，主持行政院院會。
十時三十分，接見中央黨部副秘書長薛人仰等二人。

12月19日　星期五
上午
十時二十分，至榮民總醫院，探訪嚴總統、陳良、秦孝
儀、李國鼎、黎玉璽等。

12月20日　星期六
上午
八時，抵達增額立法委員選舉臺北市大直第三二七投票
所，冒雨排隊投票，並與等候投票選民握手寒暄。
九時，接見空軍總司令司徒福上將。

12月21日　星期日
下午
四時十七分，至桃園縣縣長吳伯雄宅，垂詢桃縣增額立
法委員選舉情形，並嘉勉督導選舉事務成功。

五時四十分，抵慈湖謁陵。

12 月 22 日　星期一

上午

十時十五分，飛抵嘉義，參觀新港鄉新建落成之鄉公所辦公大樓，並慰問工作人員。

十時三十八分，至雲林縣北港媽祖廟，參加題贈該廟之「人和年豐」匾額揭幕。

十一時三十分，巡視口湖鄉公所，並至後厝村慰問鄭豐喜遺眷及至其墓地憑弔。

下午

一時三十分，巡視臺西鄉海埔新生地開發情形及海防部隊。

二時四十四分，參觀嘉義後湖工業區、永興機械廠拼裝農機車輛生產情形。

三時二十二分，參觀嘉義吳鳳北路榕石園主王俊傑收藏之奇珍異石。

三時四十五分，飛返臺北。

12 月 23 日　星期二

【無記載】

12 月 24 日　星期三

上午

八時三十分，接見日本眾議員藤尾正行。

九時，主持中常會，聽取增額立法委員選舉結果報告
後，對於民眾給予中國國民黨候選人之支持和關切，申
致謝忱；對辦理選舉事務工作人員、輔選人員及參加監
選之教師、大學生，表示佩慰。

下午

五時五十四分，訪晤國大代表張發奎先生。

今日致函地方從政主管同志和黨工幹部同志，期勉彼等
堅忍淬勵，為民服務。

12月25日　星期四
上午

九時，在國民大會代表六十四年年會中致詞，對行政院
當前施政概況作全面之分析，並且指出，在一切以三民
主義作為最高指導原則下，我們在政治上力行民主法
治，貫徹憲政之實施；在外交上一本平等互惠、獨立自
主之精神，堅守民主陣容；在國防上積極強化軍事力
量，確保國家安全；在經濟上以實踐民生主義為基本政
策，謀國計民生之均足。

下午

四時五十分，偕夫人抵慈湖謁陵後，返回臺北。

12 月 26 日　星期五
上午

十時，在政治作戰學校，主持特種黨部代表大會開幕典禮。

12 月 27 日　星期六
上午

八時三十分，先後接見科學指導委員會主任委員吳大猷等四人。

十時，參加中樞紀念國父月會。

十一時三十六分，訪晤余井塘先生。

12 月 28 日　星期日
下午

五時，在政治作戰學校，主持特種黨部代表大會閉幕典禮。

12 月 29 日　星期一
下午

五時三十分，接見立法委員朱如松。

12 月 30 日　星期二
上午

九時，主持行政院院會，首先對各級行政人員在過去一年中，能達成國家交付之任務，加以慰勉；同時對臺灣省政府及臺北市政府各級行政同仁，任勞任怨，克服困

難，以及各政務委員，殫精竭慮，忠勤任事，均有所嘉
勉。最後，並提示幾項要政，必須確切把握：

一、積極增加稻穀生產，希望能達成二百七十萬公噸之
　　目標。

二、防範重大罪案之發生，以維護我國是最安定地區之
　　令譽。

三、徹底改善社會風氣，以免讓人譏評我們為一個浪費
　　的國家、一個浪費的社會。

十時三十分，參加國軍將級人員晉升茶會。

12月31日　星期三

上午

八時，在小欣欣餐廳，以簡單早點，招待行政院所屬各
單位主管，對一年來推動政務之辛勞，予以慰勉。

九時，主持中常會。

十時三十分，在中央黨部，接見十位好人好事代表，期
勉彼等作更多的奉獻，發揚社會的光明面，建立更美好
的社會。

下午

四時三十分，接見美國議員助理訪問團。

中華民國 65 年（1976 年）

1 月 1 日　星期四

上午

九時，參加中樞慶祝中華民國六十五年開國紀念典禮暨元旦團拜。

會後，至於慈湖陵寢行禮。

十一時三十分，中央黨部同志五百餘人至慈湖謁陵，院長在旁答禮。（張岳軍先生領導行禮，嚴總統等參加。）

下午

二時，臺灣省政府謝主席主持桃園縣大溪鎮總統蔣公銅像揭幕暨蔣公紀念堂啟鑰典禮，院長到場向民眾致謝。

1 月 2 日　星期五

【無記載】

1 月 3 日　星期六

上午

八時，主持國防會談。

八時三十分，接見美國參議員甘恩。

九時，主持行政院新年團拜，勉勵同仁繼續努力，謀求更多更大之進步。（各部會首長、次長等三百餘人參加。）

十時，至於中興新村。美國華爾街日報記者 WILLIAM

HARTLEY 及 NBC 記者 JAMES LAURIE 以院長親民
愛民，特隨同採訪，俾告於世界。

1月4日　星期日
由臺灣省政府主席謝東閔及南投縣縣長劉裕猷等陪同，
深入南投山區，訪問山胞及榮民。

1月5日　星期一
上午
十時，抵臺灣省訓練團，以中國國民黨中央委員會主席
身分，出席臺灣省垣各界聯合總理紀念週及新年團拜，
致詞勉勵省級黨政同志，腳踏實地，為民服務，做好政
治紮根工作；並頒勳高雄港務局局長李連墀及高雄港前
第二港口工程處處長龔乾一，獎勵彼等對闢建高雄第二
港口之貢獻。

1月6日　星期二
上午
八時三十分，在內政部聽取內政部及蒙藏委員會工作
簡報。
十時三十分，在外交部聽取工作簡報。

下午
三時，在中央黨部接見新當選之黨籍增額立法委員同志
三十人，勉加強為民服務，毋負選民付託。
五時，接見美國記者哈特萊。

1月7日　星期三
上午

九時，主持中常會。

下午

四時三十分，接見瓜地馬拉國會議長歐華雷斯。

五時，接見英國國會議員羅吉斯等四人。

1月8日　星期四
上午

八時三十分，接見美國參議員詹斯頓。

九時，主持行政院院會。

下午

五時，接見美國海軍第七艦隊司令海華德中將，交換加強中美防務意見。

1月9日　星期五
上午

八時三十分，聽取國防部一年來重要工作簡報。

十時十五分，聽取財政部工作簡報。

中午

十二時三十分，應邀登臨美國海軍第七艦隊旗艦奧克拉荷馬城號參觀，並與海華德中將共進午餐。（基隆市）

下午

一時三十分，蒞八斗子漁村訪問漁民，並巡視漁港擴建工程。

四時，主持中央黨部臨時座談會，聽取對周匪恩來之死亡之情勢分析報告。

七時，偕夫人參加美軍協防司令史奈德中將晚宴。

1月10日　星期六

上午

八時，主持國防會談。

十時，接見美國眾議員派斯曼。

1月11日　星期日

上午

十時三十分，由經濟部部長孫運璿陪同飛抵花蓮，巡視花蓮港第三期擴建工程。

下午

一時三十分，飛抵臺東，由經濟部部長孫運璿及臺東縣縣長黃鏡峯陪同，巡視臺東經建設施。

1月12日　星期一

上午

巡視高雄市市政建設，並指示王玉雲市長須格外照顧低收入市民之生活。

十一時四十分，巡視高雄縣政府。

下午

二時三十五分，由經濟部部長孫運璿、屏東縣縣長柯文福陪同，巡視枋寮鄉農友許闢所試種之三期稻作，對成長良好，表示欣慰。

1 月 13 日　星期二

【無記載】

1 月 14 日　星期三

上午

八時三十分，接見約旦安曼市市長陶甘。

九時，主持中常會。

1 月 15 日　星期四

上午

九時，主持行政院院會。

1 月 16 日　星期五

上午

八時三十分，在經濟部聽取工作簡報，並指示今後經濟發展政策，仍應在穩定中求進步。

十時，在交通部聽取工作簡報，並對郵電、民航、航運、交通秩序、高速公路工程及觀光事業等，作重點指示。

1月17日　星期六
上午

八時三十分，在教育部聽取教育部及青年輔導委員會工作簡報，並指示在學校教育方面，應對師資、教科書、生活教育以及學校環境等四項，特別加強；在青少年就業方面，應教育與建設相配合，職業與訓練相結合。

十時，在司法行政部聽取工作簡報，指示加強法律教育，教化受刑人犯；並應以民、刑法之修正，列為今後重要工作。

1月18日　星期日
【無記載】

1月19日　星期一
下午

四時，蒞三軍軍官俱樂部，對國防部六十四年年終工作檢討會議出席人員講話。

1月20日　星期二
下午

五時三十分，蒞在三軍軍官俱樂部舉行之情治人員茶會，慰勉全體出席人員。

1月21日　星期三
上午

八時四十分，蒞臺北市麗水街周宅，向因公積勞病故之

大安區龍安里里長周水魚致祭,並慰問其遺屬。

九時,主持中常會。

十時十分,偕同徐副院長慶鐘拜會立法院,對全體立法委員審議法案之辛勞,以及對行政院之支持,表示感謝。

下午

三時,動員戡亂時期自由地區增額立法委員選舉當選人當選證書發給典禮,在臺北市中山堂光復廳舉行,院長應邀蒞臨觀禮。

1 月 22 日　星期四

上午

九時,主持行政院院會,提示:

一、交通主管部門,春節期間,須加強運輸能量,注意交通安全,使所有旅客都能平安回家度節。

二、司法行政部及國防部,應分贈受刑人厚襪及年糕,使其沐受社會溫暖,啟發向善之心。

1 月 23 日　星期五

下午

五時,至松山機場歡迎新加坡總理李光耀夫婦來華。

1 月 24 日　星期六

上午

十時,陪同新加坡總理李光耀夫婦乘專機赴臺中參觀臺

中港。

下午

三時三十分，參觀德基水庫。

五時三十分，至於梨山。

1 月 25 日　星期日

上午

九時，陪同新加坡總理李光耀夫婦，由梨山至天祥、花蓮遊覽，旋即返臺北。

1 月 26 日　星期一

上午

九時二十分，抵慈湖陵寢。

十時三十分，新加坡總理李光耀至慈湖謁陵，院長在旁答禮。

下午

一時〇五分，送新加坡總理李光耀夫婦離華。

1 月 27 日　星期二

下午

三時三十分，參加新聞記者園遊會，並對新聞界過去一年中善盡言責、反映民意，表示謝忱。

1 月 28 日　星期三
【無記載】

1 月 29 日　星期四
上午

九時，主持行政院院會，勉勵各級行政人員，利用春節假期，多做有益身心活動，不必往返拜年。

九時三十分，接受中國新聞學會理事長馬星野代表該會所贈第一號榮譽會員證書。

1 月 30 日　星期五
上午

八時二十分，至於慈湖。

十時三十分，國畫大師張大千先生及其家人，至慈湖謁陵，院長親迎答禮，並接待飲茶話舊。至十一時，親送渠等離去。

下午

在總統蔣公陵寢，對全國同胞發表農曆除夕談話，期勉國人，除舊布新，團結奮鬥。

除夕談話
親愛的父老兄弟姊妹們：

　　今天是農曆除夕，家家戶戶都在團圓，現在我在慈湖總統蔣公陵寢，向大家辭歲，同時向大家拜一個早年。

今天晚上慈湖寒風瑟瑟，顯得更加肅穆寧靜。回想過去的一年，我們大家都在痛苦困難之中渡過，因為在這一年中間，我們最崇敬的總統蔣公離開了我們，我們每一個人都感到萬分悲痛，而且就在這一年中間，我們國家也遭遇到一重又一重的困難，然而總統蔣公的精神卻和我們永遠在一起，所以我們遵奉遺訓，都能精誠團結，積極奮鬥，特別是全體同胞和政府緊密的結合，產生了無比的精神力量，共同承受了這種痛苦，也共同克服了這些困難，在臺澎金馬復興基地，顯出了繼續進步繁榮的氣象。所以世人都認為我們復興基地是一個最安定、最安全的地區，中華民國是一個勇敢的、堅強的、生機蓬勃、不可搖撼的國家。

在這歲尾年初，我們辭歲拜年，引申來說，辭歲，就是除舊的意思；拜年，也就是布新的意思。我們政府的行政工作同仁，檢討起來，還有一些舊病根、舊習性存在，因此，講到除舊，就是政府行政工作同仁，要把那些不便民利民的舊病根，徹底革除；要把一切陳舊的、落伍的、缺乏整體觀念、缺乏責任意識的舊習性，徹底革除。

講到布新，就是政府行政工作同仁和全體同胞要共同奮鬥，使得

——大家的生活更豐足；

——社會的秩序更安定；

——國民的精神更團結；

——國家的力量更精強；

——人人生產讀書，個個健康愉快；

——天天做好事，年年過好年。

這樣，我們全力除舊布新，就能造成一團和氣、一股朝氣的新氣象，使我們的政府成為光明磊落、大公無私的政府，我們的社會成為安定祥和、家給戶足的社會。即使今後有更艱難的局勢，有更強烈的衝擊，我們都能經得起大風大浪，衝得破橫逆艱難。

父老兄弟姊妹們！本來「治國之道，必先富民」，所以致民於富是國家建設的主要目標。古人說：「一年之勞為數十年之利；十年之勞，為數百年之利者，君子為之。」這就是我們加速基本建設又同時進行新的六年建設計畫的主要原因。在作法上，我們還特別注意到「三時不害而民和年豐……不奪民時，不妨民力，則百姓富」的道理。今天我們是要「因天下之力，以生天下之財，」也就是要人人是安定的力量，人人是生產的力量，人人是奮鬥的力量，對民主、法治、自由、秩序、生產、建設，一齊出力，一齊行動，一齊勝利，一齊成功。

今天我們在復興基地團圓過年的時候，更想到大陸河山正在沉淪，想到歷史文化正被破壞，想到大陸同胞正受苦難，因此我們必須更進一步來完成光復大陸、復興中華、解救同胞的共同責任。

我們還要感謝今天除夕不休假的國軍官兵和在各個崗位上的工作同仁，由於大家的辛勞，才能使全體同胞安定的過年，所以特別要向大家致慰和祝福。

1月31日　星期六　農曆春節

上午

以長途電話與臺灣省政府主席謝東閔通話，請轉達向全省同胞拜年之意，並先後以長途電話分別與臺東、宜蘭、花蓮、南投、澎湖、新竹、苗栗、屏東等縣縣長通話，囑代向各縣民眾祝賀春節快樂。

下午

七時，以電話與臺灣省政府交通處處長陳樹曦通話，對交通人員停止公休、熱誠服務，表示嘉許，囑其轉達慰問之意。

2 月 1 日至 3 日　星期日至二
【無記載】

2 月 4 日　星期三
上午

九時，主持中常會，勉全黨同志，一德一心，團結奮
鬥，尤其要追求新知，講求方法，接近群眾，犧牲自
己，一切以黨國利益為先，民眾利益為重，為國家開創
光明前途。

2 月 5 日　星期四
上午

九時，主持行政院院會，提示：

一、今值農民節，期一致學習農民耕耘精神，各本崗
　　位，奉獻心力；並請徐副院長代表出席臺灣省慶
　　祝農民節大會，對農友之辛勞與貢獻，表示讚佩
　　之意。

二、一月份外貿出超，為經濟復甦可喜現象，希望大家
　　依照國家利益和目標，奮鬥創造，迎接更大勝利的
　　一年。

2 月 6 日至 10 日　星期五至二
【無記載】

2月11日　星期三
上午

九時，主持中常會。

2月12日　星期四
上午

九時，主持行政院院會。

2月13日至17日　星期五至二
【無記載】

2月18日　星期三
上午

九時，主持中常會。

2月19日至24日　星期四至二
【無記載】

2月25日　星期三
上午

九時，參加國家安全會議，說明六十六年度中央總預算案之重點，並指出此總預算案與政府強化國防、抑制消費及增撥經建投資支出之原則相符。

2 月 26 日 星期四

上午

九時,主持行政院院會,提示:

一、希望全體行政人員與每一單位,應主動的去研究發
　　展,以縮短成功的歷程。

二、凡事要顧到國家的體制和國格,接待外賓,宜有分
　　寸,小有成就,亦不可自我誇大。

三、我和中東地區通商,曾連續發生商船中途棄貨或被
　　扣情事,經濟、交通兩部應該研究徹底解決辦法。

四、機車駕駛人應戴安全帽的規格、標準和執行時間,
　　要迅作合理可行的決定。

十時三十分,蒞臨僑光堂,慰問出席輔導會議之國軍退
除役官兵代表,盛讚榮民創業功績;並勉更加努力,加
強工作,配合六年經建計劃,開展事業,貢獻國家。

2 月 27 日 星期五

上午

九時,列席立法院第五十七會期第一次會議,作口頭補
充施政報告,對政府宏揚民主憲政、貫徹反共決策以及
關懷照顧民生等措施,有所闡述;並答復立法委員所提
質詢。

下午

三時,列席立法院會議,答復質詢。

六時,參加行政、立法兩院聯合會餐。

七時,參加多明尼加國慶酒會。

2月28日　星期六
上午

八時，出席中樞紀念國父月會。

2月29日　星期日
下午

七時三十分，偕夫人約宋子安夫人等在圓山飯店共進晚餐。

3 月 1 日　星期一
【無記載】

3 月 2 日　星期二
上午

九時，列席立法院會議，在答復質詢中，提出農工林漁生產合一之新觀念；並表示政府將特別注重濱海地區漁民、塩民生活之改善。

下午

三時，列席立法院會議。

3 月 3 日　星期三
上午

九時，主持中常會。

十一時三十分，接見韓國法制部長官黃山德及科技處長官崔亨燮。

3 月 4 日　星期四
上午

九時，主持行政院院會。

3 月 5 日　星期五
上午

九時，列席立法院會議，在答復質詢中，強調倫理和思想教育十分重要，期望今後社會教育，應注重發揚中國

倫理道德與精神文明，配合現代科學，教育國民成為現代的中國人。

下午

三時，列席立法院會議，在質詢結束後，向立法委員表示謝意。

六時，代表政府頒贈前美國心臟學會主席、羅徹斯特大學教授余南庚博士二等卿雲勳章，以慰其對我國醫學之貢獻。

3月6日　星期六

上午

八時，主持國防會談。

九時三十分，接見美國駐華大使安克志。

3月7日　星期日

上午

十時三十分，至立法院祝賀薩孟武教授八十壽誕。

3月8日　星期一

下午

四時，至桃園角坂山梅臺靜坐，思親憂世，低回無已！

五時四十六分，抵慈湖陵寢護靈，撰「梅臺思親」一文。

3 月 9 日　星期二

上午

十時，由桃園縣縣長吳伯雄陪同，巡視美商無線電公司、漁管處、桃園縣政府及少年輔導院。

3 月 10 日　星期三

上午

九時，主持中常會。

3 月 11 日　星期四

上午

九時，主持行政院院會，提示：

一、今年世局將有許多重大發展，大陸匪酋互鬥，匪幫勢將瓦解，吾人應繼續努力，俾能確切掌握勝利機運。

二、農業生產，須繼續謀求增加。

三、法令規章不可只因近利小惠而輕率修正，以免為民眾帶來困擾。

四、企業經營必須講求管理方法，經濟部宜加強督導。

五、防止不良少年之形成，家庭、學校均須負責，並應以此作為校長、教師考績之依據。

六、走私、套匯及資金外流，財政部應嚴加懲辦，切實防堵，並希國防部全力協助。

七、防止小汽車進口後轉售，有關機關應會同研擬改進辦法實施。

八、政府派員出國考察，必須有目標、有計劃，在國外

時不得接受當地華僑團體之食宿招待；但出國人員
之差旅費用，應予合理支給。

九、「擺架子」與「要面子」，均為社會進步之障礙，
必須徹底消除。

3月12日　星期五

上午

九時，至國父紀念館，向國父銅像行禮致敬，並在館外
種植龍柏一株。

九時三十分，在國父紀念館接見沙烏地阿拉伯經濟部
次長涂爾吉等六人，以及沙國開發基金執行董事賈拉
爾等。

3月13日　星期六

上午

由政務委員周書楷陪同，參觀鄧昌國等聯合攝影展覽。

3月14日　星期日

【無記載】

3月15日　星期一

上午

七時三十分，應邀參加六十五年擴大早餐會，致詞勗勉
國人效法岳武穆精忠報國、還我河山的志節和精神，以
堅定的決心和信心，不屈不撓的毅力，克服橫逆，完成
光復大陸使命。並表揚林要圖警員、羅樣生及羅廷輝父

子、張郭水校長、林仰西士官長、耿雲卿法官、張壽岑
站長等七人大公無私、奉公守法、臨財不苟、苦學成
功、負責盡職的精神。

3月16日　星期二
上午
十時，接見韓國合同參謀會議議長盧載鉉大將。
十一時十分，蒞陽明山莊革命實踐研究院會餐。

3月17日　星期三
上午
九時，主持中常會。

3月18日　星期四
上午
九時，主持行政院院會，提示：
行政機關對於涉及國民生活及社會安定事項發布消息
時，須特別慎重。今後有關食品之檢驗及疫病之防治，
均宜由衛生署研訂一套合理之作業程序，確定負責範
圍，決定由何一機關作最後之核定後，再正式發布，以
根除不應發生之錯誤。
院會後，聽取糧食簡報。

下午
五時，參加五院院長茶敘，就六十六年度中央政府總預
算作說明。

3 月 19 日　星期五
【無記載】

3 月 20 日　星期六
上午

九時，主持國防會談，聽取中山科學院院長唐君鉑之訪問報告。

3 月 21 日至 22 日　星期日至一
【無記載】

3 月 23 日　星期二
下午

四時，接見馬樹禮。

五時起，接見劉達人、陳岱礎等六人。

3 月 24 日　星期三
上午

九時，主持中常會，提示：

本年辦理教授同志春節年會，由於改變方式，使參加人數及發言人數均有增加，已見成效；惟據反映，事前對發言者仍有安排跡象，致教授同志未能暢所欲言。下次舉辦時，望能針對此種反映，加以改善。對於本次年會各同志發言之辦理情形，可個別答復，以爭取時效。

3 月 25 日　星期四

上午

八時三十分，接見美國眾議員畢斯特。

九時，主持行政院院會，曾就嚴格執行總預算、改進人事考核辦法、公務人員善用行政權力，以及研討農業發展之整體計劃等，分別有所提示。

十一時，接見李卓皓博士。

3 月 26 日　星期五

上午

九時二十六分，出席中樞紀念國父月會。

下午

四時三十分，接見新加坡副總理吳慶瑞。

3 月 27 日　星期六

【無記載】

3 月 28 日　星期日

下午

四時二十七分，至慈湖謁陵。

3 月 29 日　星期一

上午

十時，參加春祭。

十一時五十分，至松山機場迎林語堂博士靈柩，並至懷

恩堂參加林博士追思禮拜。

3月30日　星期二
上午

九時〇五分，蒞中央黨部聽取匪情研究簡報。

3月31日　星期三
上午

九時，主持中常會。

十時十五分，蒞臺灣大學參觀社團展覽。

下午

三時，出席黨政關係談話會，以從政黨員身分，說明行
政院是以最負責的態度，提出六十六年度中央政府總預
算，做到收支平衡；並把握應收不漏、應省則省、應用
則用的原則，使每一分錢都能發揮最大效用。

4 月 1 日　星期四

上午

八時三十分，接見美國密西根大學校長傅萊明夫婦。

九時，主持行政院院會，提示：

各機關對總預算案，應嚴格執行；並期望各部會首長注重人事考核督導，達成量才器使目的。

十一時，接見國際電報電話公司總裁唐禮維。

十一時三十分，接見美國中央情報局副局長華特士。

4 月 2 日　星期五

【無記載】

4 月 3 日　星期六

上午

九時，主持國防會談，聽取軍訓工作報告。

下午

五時〇三分，至國父紀念館，瞭解總統蔣公逝世週年紀念準備工作。

4 月 4 日　星期日

上午

八時五十分，偕同家屬至國父紀念館參加總統蔣公逝世週年紀念大會。

十時〇五分，陪侍蔣夫人至慈湖謁陵。

晚

留慈湖守靈。

4月5日　星期一

【無記載】

4月6日　星期二

上午

九時，列席立法院會議，在報告施政及六十六年度總預算編製經過時指出：

一、北平正發生天安門民眾抗暴事件，特呼籲大陸匪軍、匪黨黨員及匪偽幹部，為反抗暴政而奮鬥，我決盡一切力量來支持他們的抗暴行動。

二、六十六年度中央政府總預算的編製，是採取國防與民生並重，穩定與發展兼顧的原則，力求國力的厚植，以完成復國建國的任務。

三、六年經建計劃之目的，在於完成十項建設並要帶動其他建設；同時應加強政府各部門間的配合，促進經濟建設與社會建設的平衡發展，提高國民生活素質，建立均富安和社會，以增進全民福祉。

下午

三時，列席立法院會議，答復質詢。

4月7日　星期三

上午

八時三十分，接見巴拉圭內政部部長孟達納羅。

九時，主持中常會，指出此次北平「天安門」暴亂，乃多年來毛匪內部，亦即大陸群眾反抗情緒之總爆發，吾人不可以為此為匪黨派性鬥爭，而實為群眾對毛匪鬥爭之開始；並特別號召大陸同胞，對反共復國的行動一齊「精神加盟」、「行動歸隊」；復請中央常會訂定「精神黨員」辦法，使大陸同胞，皆能投身於中國國民黨，同為對共產匪偽邪惡而鬥爭。

4月8日　星期四

上午

八時三十分，接見沙烏地阿拉伯計劃部部長納茲爾。

九時，主持行政院院會，提示：

一、正在清明節時，北平天安門抗暴事件爆發，充分說明大陸同胞已不堪毛共暴政壓迫而群起反抗，由此引發匪黨內部權力鬥爭白熱化、尖銳化，更顯示毛共嚴重危機，終難逃崩潰滅亡之命運。

二、近日各電視臺播映「行的安全」節目中，用語頗多粗俗，態度亦欠端莊，應由新聞局從速督促改善。

4月9日　星期五

上午

十一時，接見前美國進出口銀行總裁克恩斯。

4月10日　星期六

上午

九時，主持國防會談，聽取訪問以色列心得報告。

中午

十二時三十二分，飛抵金門，深入戰地訪問。

4月11日　星期日

【無記載】

4月12日　星期一

上午

九時，至中山堂出席中央聯合總理紀念週及立法委員黨部第二十五屆委員、監察委員黨部第二十二屆委員宣誓典禮，並致詞指出，天安門抗暴事件，為匪覆滅先聲，呼籲全國同胞，緊密團結，堅毅奮鬥，以新的精神，迎接新的戰鬥，爭取復國偉大勝利。

下午

三時，參加國家安全會議簡報。（介壽館）

4月13日　星期二

下午

四時，接見薩爾瓦多國防部部長羅美洛上校，就軍事合作與促進中薩關係問題，共同交換意見。

四時三十分，接見哥斯達黎加外交部部長法西奧，就當

前世局交換意見。

五時，接見美國國家科學顧問委員會副主席雷穆博士，暢談科學教育及經濟發展等問題。

4 月 14 日　星期三
上午

九時，主持中常會。

4 月 15 日　星期四
凌晨

先後至圓山指揮所及介壽館視察電光演習。

上午

九時，主持行政院院會，提示：

一、大陸匪區動亂，不斷醞釀發展我反攻復國前途光在望，但勝利須由流血流汗爭取而來，吾人必須更進一步積極奮鬥。

二、凡百施政，都應以國家和民眾利益為前提，要符合利民便民要求，謀求最妥善、最周詳之解決。

三、關於公營事業之改進，盼從人事、新技術之引進、財務及管理四方面著手，希望主管部門延攬專家，對現況逐一檢查，研求改進。

四、宣揚臺灣先賢烈士之民族精神和奮鬥事蹟，教育部應從速編纂「臺灣史籍」或列入中小學教科書，供學生閱讀，以培養青少年愛國家愛民族之情操。

五、對於科學技術創新，其有特殊成就之人員，應由

政府專案加以表揚，由人事行政局調查並研擬辦
法報院。

院會後，主持財經會談。

下午

七時，應美國駐華大使安克志邀晚餐。

4月16日　星期五

上午

九時三十分，接見韓國亞洲問題研究所所長（前文教部
長官）閔寬植。

九時四十五分，接見美國前駐華政戰顧問楊帝澤。

十時，接見美國參議員莫根，交換對於當前世局和促進
中美兩國更進一步友誼之意見。

十時三十分，接見美國哈佛大學教授顧志耐及瑞典國家
科學院院長龍德柏，就我國今後經濟建設和學術研究方
面，共同交換意見。

下午

至慈湖陵寢守靈。蓋今日為總統蔣公移靈慈湖周年紀
念，以敬申哀思。

4月17日　星期六

今為院長生日，晨自慈湖至石門水庫，停留約四十分鐘
後，到行政院照常辦公。

上午

九時，主持國防會談，聽取總政戰部主任王昇之「全國漁民組訓及對匪政治作戰報告」。

4 月 18 日至 19 日　星期日至一
【無記載】

4 月 20 日　星期二
下午

分別接見烏拉圭參政員賴梅松及烏京國家大學校長尼可利契夫婦、沙烏地阿拉伯調查局局長麥斯伍德、美國眾議員助理李瑞德等十一人，並召見新任駐美文化參事楊其銳等。

4 月 21 日　星期三
上午

八時三十分，晤司法院田院長炯錦於中央黨部。

九時，主持中常會。

4 月 22 日　星期四
上午

九時，主持行政院院會，聽取臺灣省政府謝主席有關彰化大村鄉發生車禍傷亡八十餘人事件之報告，除指示迅即妥善處理善後外，並提示：

一、今後應加強汽車駕駛人員注意交通安全之訓練。

二、鐵路平交道之安全設施，應切實改進，一切事情都

不能疏忽。

4月23日　星期五

下午

四時，接見美國西部新聞界人士訪華團，於答復問題時
指出，中美保持傳統友好密切關係，乃符合美國人民利
益，亦為保障美國安全所必需；美如軍援毛共，無異
「養虎自噬」；並強調我以自立自強克服逆境，有信心
達成光復大陸任務。

答復美國西部新聞界人士訪華團問題

問題一：我們知道院長經常到鄉間去訪問，院長是不是
　　　　可以就這件事說幾句話？

答　　：我認為政治上最重要的就是：政府要了解民
　　　　眾，同時，民眾也要信任政府。這是國家繼續
　　　　發展與政府為民服務最重要的一個條件。我到
　　　　鄉間去訪問，是為了聽取民眾的意見，以便深
　　　　切地瞭解民眾的困難和需要。我在訪問的過程
　　　　中，並不立即作任何行政的決定，而是把我所
　　　　聽到的，所看到的，帶回辦公室，作為施政的
　　　　參考。同時，到鄉間去訪問，可以增進政府與
　　　　民眾之間的情感。

問題二：院長是不是可以就中美兩國之間的關係講幾
　　　　句話？

答　　：我們和美國之間的關係，歷史非常悠久。在
　　　　過去的許多年間，中美兩國關係的變化，對整

個亞洲有非常重大的影響。在第二次世界大戰中，中美兩國是並肩作戰的盟友。自從我們政府遷到臺灣之後，亞洲發生了許多重大的變化。首先是韓國發生戰事，之後是越南發生戰爭，最近，越南已淪陷在共產黨徒之手。發生在亞洲的這些重大的變化，與中美關係都有重大的連帶關係。

我們希望美國瞭解中美兩國繼續保持傳統的友好密切的關係是合乎美國利益的。自從西貢淪陷之後，北邊從大韓民國到日本、琉球、中華民國，以至菲律賓，形成了一個海島連鎖防線，成為屏障美國西部的前哨也是亞太地區安定的力量。因此，無論從實質的利益著眼，或者是從道義責任著眼，美國與中華民國繼續保持傳統的友好密切的關係，是符合美國人民利益的，也是保障美國安全所必需的。美國政府在作重大的決定的時候，應該考慮到這個問題。

問題三：貴國政府過去曾克服了一連串的外交挫折，面對今後可能遭遇的逆境，貴國的對策為何？

答　　：每一個國家都必須有自立奮鬥的目標與方向，自助而後人助。當然我們並不忽視其他有利因素，但是，我們也必須克服不利的因素。基本上，我們必須自立自強，相信「自助而後人助」的道理。

問題四：請問院長對於外傳美國考慮給予毛共軍事援助
　　　　的看法？

答　　：美國軍援毛共是極其不可思議的事。軍援反
　　　　民主、反自由、反人性的毛共政權，與愛好自
　　　　由、崇尚民主的美國立國精神背道而馳。

　　　　任何對近代史具有認識的人，都會記得：毛共
　　　　曾被聯合國正式決議譴責為「侵略者」，曾在
　　　　韓戰及越戰中，直接間接屠殺了成千上萬的美
　　　　國子弟；同時，毛共始終沒有放棄「埋葬」資
　　　　本主義社會的最後目標，因此，如果美國方面
　　　　還有人有資助毛共軍火武器的想法，無異「養
　　　　虎自噬」。

　　　　如以為軍援毛共可以抵制蘇俄擴張威脅的話，
　　　　也是純屬空想，最後只會導致相反的結果，
　　　　刺激國際軍備競賽，增加國際武裝衝突的危
　　　　險性。

問題五：請問院長對於美國給予其他國家軍事援助的
　　　　看法。

答　　：我們與美國之間的關係跟其他國家與美國之間
　　　　的關係，在基本上有一個很大的不同之處。那
　　　　就是：我們重視中美兩個盟邦間在道義上的互
　　　　相信賴和在基本共同利益上的互助合作，這是
　　　　我們的基本立場。

　　　　過去數十年來，特別是過去廿多年來，在各方
　　　　面，我們儘量與美國合作。就軍事方面而論，
　　　　當然我們希望獲得美國的支援，以增強我們的

防務，而保障台灣及西太平洋的安全。但更重
要的，我們瞭解「自力更生」的道理，不斷地
加強自己的力量。

同時，我希望美國政府與美國人民瞭解一點，
那就是：中華民國是美國最值得信賴的朋友。
我們重視美國的友誼，我們也希望美國珍視與
我們的友誼。我相信，美國在世界上不容易找
到像中華民國這樣可靠的朋友。

問題六：您認為美國今天外交上最危險的問題是什麼？

答　　：過去美國的若干行動，可能使得許多國家感到
迷惘。因此目前美國外交上當務之急是分清敵
友，不要讓自由國家對美國失去信心。今後，
如何建立世界上自由國家對美國的信心，是
非常重要的，這比提供武器給這些國家更為
重要。

問題七：請院長談談有關光復大陸的問題。

答　　：我不否認光復大陸是一項非常艱鉅的任務，但
是我們有信心可以達成這項任務。我們政府從
來沒有忘掉大陸，更沒有忘記我們對大陸同胞
的責任。我們相信終有一天能重返大陸，光復
大陸。

目前大陸上的動亂顯示大陸同胞對共黨極權專
制制度的深惡痛絕，而大陸同胞終將起而抗
暴，爭取自由、民主，加速我們光復大陸的行
動。這個事實我相信所有了解中國事務的人都
應該明白。

4月24日　星期六
上午

九時，主持國防會談，聽取作戰次長宋心濂報告。

十時三十分，接見美國前國際開發總署中國分署署長郝
樂遜。

4月25日至27日　星期日至二
【無記載】

4月28日　星期三
上午

九時，主持中常會，並於會後聽取本黨第十一屆全國代
表大會籌備簡報。

4月29日　星期四
上午

八時四十分，接見美軍協防部新任參謀長卜祿壽准將暨
卸任參謀長韋廉士准將。

九時，主持行政院院會。

院會後，聽取籌設中央技術服務團簡報。

4月30日　星期五
上午

十時，出席中樞紀念國父月會。

5 月 1 日　星期六
【無記載】

5 月 2 日至 3 日　星期日至一
【無記載】

5 月 4 日　星期二
下午

四時十六分，至景美瞻仰總統蔣公銅像。

四時四十七分，至商品檢驗局勘對總統蔣公紀念館模型。

5 月 5 日　星期三
上午

九時，主持中常會。

5 月 6 日至 9 日　星期四至日
【無記載】

5 月 10 日　星期一
上午

九時，蒞陽明山莊參與革命實踐研究院總理紀念週暨國家建設班第一期結訓典禮，致詞勗勉全黨同志，貫徹總裁遺囑之精神和願望，奉為反共復國之行動綱領；並加強對三民主義之信仰與實踐，更進一步強固黨的基本組織。並特別勉勵從政同志，共同建立起一個清明廉能之

現代民主政治。

5月11日　星期二
上午

八時四十五分，蒞臨嘉義弔唁陳故縣長嘉雄之喪，並在其喪宅慰問遺族。

八時五十五分，巡視嘉義縣政府，勗勉各單位主管繼續為地方建設而努力。

十時三十分，專程至清水鎮西社里故國策顧問楊肇嘉宅，慰問其遺屬，並赴其墓地獻花致哀。

5月12日　星期三
上午

九時，主持中常會，通過所提「實施都市平均地權條例修正草案」。

5月13日　星期四
上午

九時，主持行政院院會，提示：

一、今年大專聯招工作，由教育部直接督導辦理，必須做得盡善盡美。

二、關於放寬山地等偏遠地區各級學校附建防空避難設備之規定，希內政部會同有關機關從速加以檢討。各級機關今後擬訂法令時，亦須考慮到地區之特性，執行單位尤不可刻舟求劍，以免影響到全盤施政。

5 月 14 日　星期五
【無記載】

5 月 15 日　星期六
上午

七時五十二分，蒞圓山指揮所聽取中美復興七號演習檢討簡報。

晚

偕夫人參加美國建軍節酒會。

5 月 16 日　星期日
【無記載】

5 月 17 日　星期一
下午

四時，在行政院大禮堂，以茶會款待資政、中央評議委員、一級上將等，並聽取中正紀念堂籌建小組報告。

七時，偕夫人參加美國駐華大使安克志夫婦晚宴。

5 月 18 日　星期二
上午

九時三十分，至聖家堂弔祭余家菊之喪。

5月19日　星期三

上午

八時三十分，接見沙烏地阿拉伯空軍總司令札亥爾
中將。

九時，主持中常會，提示：

倪常務委員文亞所提對於違紀黨員，應就其年齡、性
別、地區、職業及違紀事實，加以分類統計，此意甚為
重要，希每半年辦理一次，並加以分析，提出報告；另
對違紀黨員之介紹人及其所隸基層組織應負何種責任，
亦應同時予以追查。

5月20日　星期四

上午

九時，主持行政院院會，提示：

一、現階段經濟發展，不宜操之過急，以免影響穩定；
　　今後發展方向，應以引進新技術、發展高級精密工
　　業為主，改變過去以勞力為主之經濟型態。

二、平均地權為貫徹三民主義要政，希望主管部門做好
　　實施準備。

三、關於國民住宅之興建，不僅應注意城市，尤應注意
　　鄉村，以改善全民之居住環境。

院會後，主持財經會談。

十一時，前往臺糖公司郁故總經理英彪喪宅弔祭，並慰
問其遺屬。

5 月 21 日　星期五

上午

八時二十五分，飛抵新竹，慰問空軍基地人員。

九時四十五分，至苗栗縣政府聽取簡報。

十時四十三分，巡視臺中縣政府並聽取簡報後，轉往石岡水壩訪問。

下午

二時，至陸軍第五軍團部聽取簡報，並巡視營區。

5 月 22 日　星期六

上午

十時三十分，蒞臨國立師範大學參觀。

中午

至中央氣象局，詢問「歐加」、「波密拉」兩颱風動態及可能對本省之影響，並慰勉預報人員之辛勞。

晚

七時二十分，抵慈湖。

5 月 23 日　星期日

上午

七時五十六分，自慈湖出發，深入桃園、宜蘭山區，巡視山地資源開發情形及蘊藏價值，並考察居民生活改進現況。

5月24日　星期一
上午

十一時，接見美國建築師卡特納羅教授。

下午

四時三十分，聽取防洪簡報。

5月25日　星期二
上午

九時，聽取國營事業簡報。

晚

偕夫人參加約旦國慶酒會。

5月26日　星期三
上午

九時，主持中常會，提示：

一、現階段經濟發展，應從穩定中求其成長；並不必與
　　韓國爭較短長。因為我國以三民主義為基礎之建設
　　計劃，有本身各種條件與要求，只要照自己理想目
　　標努力即可。

二、政府目前推進經濟建設，有關民眾均能充分合作，
　　全力支持；其他農工各業，亦皆兢兢業業，刻苦
　　奮鬥，這種精誠團結、勤奮努力的情形，實應予
　　以表揚。

三、敵人之慣技，常在以偏概全，隱藏光明面、擴大黑

暗面，對我誣蔑、打擊，傳播方面尤不可在無意之
間上其圈套。

5 月 27 日　星期四

上午

八時三十分，接見美軍顧問團新舊任團長馮納准將及那
水德少將。

九時，主持行政院院會，提示：

一、經濟建設乃全面性、長期性工作，如其急功躁進，
　　難能保持久遠之利；惟穩定並非停頓，應以更多、
　　更大、更深入之努力，來發展經濟成長之潛力。

二、在經建環節中，人力為重要之一環，有關單位必須
　　做好人力規劃工作，加強教育與職訓配合，以達到
　　人盡其才、人盡其用之目的。

三、目前政府掌握存糧甚多，但半年以來糧價迭有波
　　動，顯係主管機關未能掌握米市行情，適時調節供
　　需，深為遺憾。應由財政部及臺灣省政府加強督
　　導，查究原因，並徹查經辦官員有無失職情事。

四、幫會及賭場為害社會治安至大，不容姑息，應由
　　司法行政部及內政部督飭治安機關徹底予以取締
　　肅清。

5 月 28 日　星期五

上午

十時，出席中樞紀念國父月會。

5月29日　星期六
上午

八時，主持國防會談，聽取第五軍團工作報告。

九時，聽取國營事業簡報。

中午

十二時十二分，偕同徐副院長慶鐘至立法院拜訪倪文亞院長及劉闊才副院長，對於立法院通過六十六年度中央政府總預算案，請向全體立法委員代致感謝支持之意。

5月30日　星期日
上午

十時五十分，蒞臨基隆市，巡視各項地方建設，並參加海洋學院院慶，慰問綜合救濟院院民。

5月31日　星期一
上午

十一時四十五分，蒞苗栗縣頭份鎮尖山里，視察三十日火車互撞大車禍現場，並至頭份鎮劉外科醫院慰問受傷旅客；同時指示有關主管人員徹底檢討肇事原因，迅求改善，並做好社會救助和醫療服務等善後工作。

下午

五時，接見哥倫比亞農業部部長巴爾道。

六時二十分，至松山機場歡迎賴索托王國總理約拿旦訪華。

財政部常務次長王紹堉、糧鹽司司長張清治，執行糧鹽
政策不力，下令各記大過兩次免職，以申儆誡。

中國造船公司建廠提前完成，特致函該公司同人，表示
慰勉。

6月1日　星期二

上午

六時五十分，聽取東引指揮部簡報並講話。

九時十五分，巡視東引大鼻頭坑道、東引鄉公所、南澳菜市場、東引村、南澳港及中正橋。

下午

二時二十分，至馬祖北竿慰問民眾。

二時五十五分，聽取守軍六十七師簡報。

五時十分，慰問北竿漁民。

七時二十分，至南竿，夜宿陽明圖書館。

6月2日　星期三　端午節

上午

七時，與馬祖防衛部官兵共進早餐，並勉勵大家時時心存大陸，念念毋忘復國，掌握勝利的契機，隨時開展我們對大陸的行動。

八時〇五分，巡視大漢據點，慰問梅石、南竿民眾。

下午

四時，返抵基隆，隨即至慈湖謁陵。

6月3日　星期四

上午

九時，主持行政院院會，提示：

此次竹南、談文間火車相撞事件，係人為之疏忽，致造

成重大傷亡，深感痛心。希望主管人員凜於此一血的教訓，徹底檢討交通安全的管理，對司機的訓練、休息及待遇等問題，都要特別注意。

中午

十二時十分，飛抵屏東空軍基地，巡視 S-2E 反潛機。

十二時四十分，巡視塩埔堤防遭洪水沖毀情形，並指示興建永久性堤防，以保障人民生命財產之安全。

下午

三時，巡視鳳山陸軍官校及中正國防幹部預備學校，並至高雄縣政府向林縣長垂詢地方農業生產情況。

六時二十分，在高雄圓山飯店與賴索托總理約拿旦進行會談，就加強雙邊關係、經濟合作及共同利益等問題，彼此交換意見。

七時，以晚宴款待賴索托總理約拿旦及其隨員。

6月4日　星期五

上午

七時三十分，在高雄澄清湖大飯店，約南部軍政首長及中鋼、中船、唐榮三公司董事長等共進早餐，聽取有關工作報告，並期勉培養奮鬥實幹精神，完成各項建設工作。

九時十分，巡視臺南市政府，垂詢地方建設情形，並指示張麗堂市長，重視蚵民利益。

十時，抵臺南縣北門鄉南鯤鯓，參觀南區少棒選拔賽，

並至臺灣省烏腳病防治中心巡視，慰問病患。

十時四十分，至蚵寮，探視鄉土畫家洪通。

中午

至臺南縣政府聽取簡報，對沿海塩民生活表示關切，並對地方施政重點有所提示。

下午

一時四十五分，再度至嘉義縣陳故縣長嘉雄喪宅弔祭，並慰問其遺屬。

二時四十分，巡視西螺鄉公所。

三時十分，巡視雲林縣政府、聽取簡報，並詳詢有關縣政府遷建及沿海、山地民眾生活改善情形。

三時四十五分，至林內，慰問坪頂社區民眾，並巡視坪頂國小。

6月5日　星期六

上午

八時五十分，巡視南投縣政府、聽取簡報，垂詢地方建設。

九時，在南投縣政府接見臺灣省議會議長蔡鴻文，並接受全體省議員呈獻鑴有總統蔣公遺訓「堅守民主陣容」之紀念盾牌一面，囑蔡議長轉告省民：「團結就是力量的象徵，也就是力量。」

十時十五分，巡視臺中縣大雅鄉私立惠明盲童學校，並囑張淑靜校長善為照顧及教育孩子們成為國家有用

之才。

十一時五十分，在臺北松山機場，以軍禮歡送賴索托總
理約拿旦離華。

6 月 6 日　星期日

上午

九時五十三分，訪晤財政部部長李國鼎。

十時十分，至榮民總醫院，探視政務委員連震東。

十時三十分，訪晤陳立夫先生。

下午

五時五十二分，至三軍總醫院探視黃少谷先生。

6 月 7 日　星期一

中午

十二時二十五分，抵嘉義縣竹崎鄉朴子埔陳家墓園，參
加嘉義陳故縣長嘉雄之葬禮。

指示嘉義市市長阮志聰，克服困難，改進市政建設。

6 月 8 日　星期二

上午

八時三十分，接見國防部部長高魁元。

下午

三時三十分，巡視臺北縣政府，對北區防洪及交通問
題，表示關切；並指示邵恩新縣長辦好教育、促進地方

建設。

參觀板橋市介壽公園及三峽祖師廟，並與地方民眾親切交談。

六時〇三分，抵慈湖。

6月9日　星期三

上午

九時，主持中常會，以從政黨員身份，將行政院局部改組案，提會通過；並根據憲法第五十六條規定，提請總統正式任命。

下午

四時，在七海新村接見美國駐華大使安克志。

總統令　六十五年六月九日

　　行政院政務委員連震東呈請辭職，應予照准；行政院政務委員李連春、郭澄另有任用，均應予免職。

　　行政院政務委員內政部部長林金生，政務委員財政部部長李國鼎，政務委員司法行政部部長王任遠，政務委員交通部部長高玉樹，另有任用，均應予免職。

　　特任李國鼎、高玉樹、邱創煥為行政院政務委員。

　　特任張豐緒為內政部部長，費驊為財政部部長，汪道淵為司法行政部部長，林金生為交通部部長，並均為行政院政務委員。

總統令　六十五年六月九日

行政院秘書長費驊另有任用，應予免職。

特任張繼正為行政院秘書長。

6月10日　星期四

上午

八時三十分，接見瓜地馬拉前總統阿拉納將軍。

九時，主持行政院院會，說明此次依據工作需要，調整部分同仁職務，但調整同仁均仍在政府中工作，深望大家為國為民，竭忠盡智，在新的工作崗位上，發揮卓越的貢獻。同時指出，行政院同仁的工作態度，過去一直遵循以下的三項原則：堅持嚴正的立場，信守光明正人的原則，盡心盡力貢獻一己之最大力量。希望大家繼續把握此三原則，無私無我，有錯必改，凡事多研究、多了解，正確的發揮領導功能，使重大的政策能夠貫徹到底。

6月11日　星期五

上午

九時，抵臺中市政府巡視，並指示陳端堂市長應配合臺中港的開放營運，展開大臺中的建設。

十時，巡視臺中縣太平鄉楊鐵工廠機械生產情形，並親自操作鑽床，勉勵該廠擴大國外市場。

十一時三十五分，蒞臨彰化縣政府，垂詢有關早稻生產、農村建設、沿海居民生活與海堤安全，以及孔子廟整建等情形。參觀大明、金合成兩機械公司，勉勵工程

人員不斷研究改進，達到農機國產化的目標。

下午

二時，巡視臺中港建港工程，慰問工作人員，並對工程
的順利進行，表示：「一切事在人為，只要努力，無不
成功。」

五時，在行政院接見韓國國會副議長李敏雨率領之訪問
團一行，就當前東北亞形勢，共同交換意見。

6月12日　星期六

上午

九時，主持國防會談。會談後聽取中山科學研究院
簡報。

下午

七時，偕夫人在圓山飯店以晚餐款待來華參加第五屆中
美中國大陸問題研討會之美方代表克萊恩博士等。

6月13日　星期日

上午

飛抵金門，巡視戰地、慰問駐軍、訪問民眾，對前線不
斷進步，深表嘉許。

6月14日　星期一

晨

在金門擎天峰早餐會報上，以「勇敢、沉著、決心、穩

健、機密」為題，勉勵前線幹部，準備戰鬥、迎接戰鬥，深信今天我們實質上比敵人強，一定能打敗敵人，所以我們一定要建立起這一信心。

下午

自金門返臺，至於高雄。

晚

參觀高雄市大統百貨公司，並巡視六合路攤販夜市場。

6 月 15 日　星期二

上午

八時十五分，由政務委員周書楷陪同，巡視高雄造船廠甫行完成之世界第二大船塢，並指示該公司要做到「國貨國運，國輪國造、國輪國修」。

十時○五分，抵中鋼公司聽取總進度簡報，並乘車繞行正在建廠之工地巡視。

十時二十分，參觀高雄加工出口區產品陳列室，了解產品製造過程及製造廠商概況，並慰問男女員工。

6 月 16 日　星期三

上午

十時，主持鳳山陸軍官校建校五十二週年校慶典禮，檢閱學生部隊，並訓勉全校師生，當前國民革命軍有三大任務：

一、消滅共匪，實行三民主義，統一中華民國；

二、保衛臺澎金馬復興基地及一千六百萬人民自由和生
　　命安全；

三、消滅共產主義，使世界人類都能獲得自由。

因此，我們要恪遵領袖遺訓，團結努力，奮發自強，不
畏困難，奮鬥到底。戰爭決勝的要素，實在於精神，在
於信心，在於救國救民的熱誠、智慧和道德的勇氣。只
要我們精純勁練，堅忍不已，以我們犧牲團結負責的精
神，即必能掌握時會，開啟我們決定勝利的契機。

中午

參加陸軍官校師生聚餐。

6月17日　星期四

主持行政院院會，以「組織、紀律、責任」為題，勉勵
各級行政工作同仁，樂觀奮發，以正確的思想、觀念引
導方向，以正確的作法、態度從事工作；在生活方面，
要克勤克儉，謝絕應酬宴會，創造簡單、樸素的新風
氣，以建立一個有組織、有紀律、有責任心的政府。

下午

四時三十分，接見內政部部長張豐緒等。

組織、紀律、責任

　　今天舉行本院局部改組後之第一次會議，這是行政
工作又將進入一個新里程的開始，回顧過去二十六年
來，在總統蔣公領導下，艱苦奮鬥，使我們國家能夠堅

強的站穩腳步，經得起大風大浪的考驗。最近四年本人
主持行政工作，時懷責任之重大，不敢稍有鬆懈疏忽，
但是檢討既往，覺得仍有許多應該做的工作沒有做，也
有許多已經在做的工作沒有做好，應該改進的地方尚未
改進，深感歉疚和慚愧。所幸我們全體同仁充份發揮了
團隊精神，大家同心協力，向前邁進，已經培養出一股
清新的朝氣，以此次本院局部改組為例，歷時不到兩
日就全部完成，具體表現了團結與安定，足可告慰於
國人。

　　最近本人訪問了金門和臺灣省幾個縣市，發現每個
地區都有極大的進步，在正確的主管領導之下，完成了
許多一般人認為很難完成的工作，這證明了「事在人
為」和「人定勝天」的古訓絕對正確，也啟示我們人事
制度對於行政工作是何等的重要。我國現行人事制度對
於公務人員有嚴密之保障，此固可以防止機關首長破壞
制度任用私人，從傳統來說是一種進步，但保障過甚，
也會阻礙了人事管道之正常流通，今後應研究如何使其
發揮好的影響力而杜絕壞的副作用，俾廉能之士能夠為
國所用，頑懦貪鄙者能由行政機關中排除，也就是要改
進現行人事制度，使其只是保障優秀有為的人才，而不
是保障庸劣怠惰的冗員，機關首長必須要有完整的權力
來維持本機關的紀律，才能增進工作之績效。所以希望
本院各部會及省市政府首長今後應多注意培養人才，拔
擢人才，任用積極奮發、樂觀向上的人才，對於一些無
所事事、製造是非、興風作浪的人，則應透過考核果斷
予以處理，務必督使每一個同仁都有適當的位置，適當

的工作，適當的貢獻。同時，行政院今後對於各級行政
人員的功過，將實施重獎重罰的原則，凡執行政策有利
國家與民眾具有重大功績者，應予獎勵；對執行政策不
力有違造福民眾之本意者，決予嚴懲，不稍寬貸。

與紀律同等重要的是組織，組織的主要功能是促進
分工合作，以使各別的個體集合成一堅固的團體。組織
合理，並且機動靈活，則每一成員都能發揮力量；反
之，組織鬆弛，必然是遲鈍泄沓，行政效率低落。因
此，行政機關必須作有計畫之精簡，惟精簡機構之涵義
並不一定就是裁員，而是要予以合理之編組，消除疊床
架屋的層級和改善大而無當的組織，使每一單位都要有
明確之任務，每一人員都要有一定的職掌，寧可少用
人，多加薪，發揮每一職位的作用功能，而不要用些閒
員來濫竽充數。

除此之外，我們也希望全體公務人員要以正確的思
想和正確的觀念來引導方向，並以正確的作法和正確的
態度來從事工作：

——正確的思想，即以三民主義為基礎之思想，簡而言
　　之，就是要事事為民眾謀福利著想，使全體國民都
　　能過安定、自由、富足的生活。

——正確的觀念，即是公職人員要能體會「犧牲享
　　受」、「享受犧牲」兩句話的涵義，唯有犧牲個人
　　之名利，一己之私欲，作澈底之奉獻，而後能得到
　　內心的平靜和快樂。

——正確的作法，就是要完全打破公務員高高在上、
　　民眾是有求於我的官僚習氣，處處要為便利民眾設

想，以服務民眾為天職。

——正確的態度，就是強烈的責任心，力矯得過且過、敷衍馬虎之不良流俗。

國家之盛衰，社會之隆污，全繫於政府之如何作為。政府有組織，有紀律，有責任心，就會有一個有組織、有紀律、有責任心之社會，從而就會有一個進步強大的國家。現在看到都市中有少數人的生活奢侈放縱，實深痛心，政府雖不擬以強制或專斷的方式來干預個人的生活自由，但作為一個在政府服務的軍公教人員，其生活方式應遵守適當的規範，絕不應該去和一些富商巨賈比較，作些無謂的酒肉徵逐，而應向一般克勤克儉、過簡單樸素生活的大眾來看齊，根除奢靡浪費，謝絕應酬宴會。今日我們的處境和良心，都不允許我們縱情恣慾，政府機關除了基於外交接待之需要，得由外交部依通常儀節規定宴客標準之外，一律不得藉名請客宴客，涉及公務的飲宴尤應嚴格禁止。政府的經費，一分一文都是來自納稅人的血汗，每一分支出都不容浮濫，同時軍公教人員必須作社會改革的先鋒，把「擺架子」「愛面子」的虛榮心連根拔掉，為民眾之倡導。我們不僅在生活方面要創造「簡單」「樸素」的新風氣，公務方面亦復如此，不必要的會不要開，長篇累牘反反覆覆的話要少講，必須要說話時務應簡單、明瞭、有層次、有條理，一個單位主管必須具備言簡意賅的才能，方能負起領導之責任。

我們全國軍民多年來緊密團結，到處是一片祥和之氣，反觀敵人的內鬨劇烈，日前且宣布毛匪不再接見外

賓，這是毛匪死亡之訊號，也可預料共匪自相殘殺的醜
劇即將全面揭幕。

我們絕不把復國之希望寄託於任何匪酋之殞滅，但
在此大局將有劇變、最後勝利終將來臨的時候，正如登
高爬山，峰頂在望，最後一段路程最為艱苦，大家務應
把握契機加倍努力，庶可以完成光復大陸的聖業，告慰
於總統蔣公在天之英靈。

6月18日至19日　星期五至六
【無記載】

6月20日　星期日
下午

三時三十分，至榮民總醫院作X光檢查。

6月21日　星期一
【無記載】

6月22日　星期二
上午

九時，主持國際關係座談會。

下午

三時十三分，主持財經會談，聽取當前外銷市場、財稅
及金融運轉融資等情形之分析和說明。

6 月 23 日　星期三

上午

九時，主持中常會，對本黨第十一次全國代表大會代表選舉辦法，提示：

一、海外代表，以儘量經由選舉產生為原則。

二、復興基地代表之產生，可運用保障名額，擴大本黨之社會基礎。基此原則，臺灣省黨部及凱旋黨部所列保障名額，均須增加；鐵路黨部科技人員保障名額，可予增加，鐵路、公路兩部份業務，亟待加強，其代表名額，亦希增加；北、中、南三區青年黨部學生保障名額，亦應酌予提高。

會後，巡視石門第一核能發電廠。

下午

一時，巡視萬里鄉核能第二發電廠設廠工程，並慰問在炎陽下努力工作之員工。

6 月 24 日　星期四

上午

八時三十分，接見亞東關係協會駐日本代表馬樹禮。

九時，主持行政院院會，勗勉各級行政工作人員，要多研究、多讀書，來充實自己的學識和能力；在經費方面，應該節省的地方絕對要節省，切不可有已列預算就必須用光的錯誤觀念；在用人方面，要一本大公，拔擢有為有守的幹練人才，蔚為國用，並且要有計劃地培養人才、訓練人才；在立身處世方面，要摒除一切無謂的

應酬，堅持「我不請人、人請不到」的原則。最後並指
示，從今天起，一定要以嚴格的紀律，來貫徹我們的要
求，願各位首長共同支持，使我們的國家更堅強、更乾
淨、更有力，在狂風巨浪中，奠定更穩固的基礎。

十時四十分，巡視商品檢驗局。

6月25日　星期五

上午

九時五十分，抵南投縣草屯鎮，巡視臺灣植物保護中
心，對該中心所做防除農業上病害、蟲害、鼠害及草害
的良好績效，表示嘉許。

十時三十分，訪問坪頂國小，詢問學生的功課及飲水情
形，並嘉許其公共造產成功。

6月26日　星期六

上午

八時十五分，至埔里榮民醫院慰問病患。

九時四十分，抵霧社，巡視仁愛鄉公所，希望鄉長高光
華建設霧社為風景區。

十一時二十分，抵定遠新村，慰問榮民和義胞；並巡視
清境農場之夏季蔬菜產銷狀況。

中午

十二時五十五分，遊霧社孔子廟。

6 月 27 日　星期日

上午

七時四十分，至日月潭慈恩塔，恭向祖妣王太夫人行禮致敬。

十一時三十分，在中興新村縣市長座談會中致詞，勉勵與會人員在工作上要建立「坐得正、站得穩、做得對」的基本觀念，以誠與信為民服務，在任何困難下要信其所信、行其所行，集中心力、精力、體力去做，必定能開創成功的事業。

中午

與縣市長座談會全體人員，共進午餐。

6 月 28 日　星期一

上午

十時，主持行政院所屬各部會處局署暨省市政府六十四年度研究發展特優報告頒獎典禮，勗勉各獲獎人員，不可以獲獎為已足，而須在工作中精益求精，不斷研究求新，以達到服務人生之最佳境界。

6 月 29 日　星期二

上午

十時，出席中樞紀念國父月會。

下午

六時，至中央氣象局，詳詢「魯碧」、「沙莉」兩颱風

動態，並慰勉日夜辛勞之工作人員。

6月30日　星期三

上午

九時，主持中常會，提示：

一、第十一次全國代表大會之各種報告，在內容及文字
　　上應有新的改進，力求簡單明瞭，具有啟發性與教
　　育性。

二、對大陸代表名稱，可定名「大陸地區代表」。不能
　　出席者，不必用「榮譽代表」字樣，並仍一律列入
　　名冊，但註明「因公不能到會」即可。

三、海外地區最易為匪進行破壞，為促致團結、和諧，
　　希張秘書長約同有關部會黨政同志詳加研究，就每
　　一地區之可能發生情況、代表之最佳人選，提出建
　　議，再行審核決定。

中午

十二時〇四分，在行政院接待室評鑑中正紀念堂模型。

下午

六時，參加教宗保祿六世加冕十三週年慶祝酒會。

7月1日　星期四

上午

八時十分，巡視大學聯招臺大試場，勉勵考生並慰問試
務人員。

九時，主持行政院院會，以「政治成敗的關鍵問題」
為題，檢討過去，並對今年下半年的工作重點，有所
提示。

下午

三時，主持中央黨部工作會議。

五時十分，巡視臺北市政府，指示林洋港市長，今後市
政工作重點，應擴大區級授權，提高區公所地位，俾能
就近為市民提供更多的服務；同時要照顧低收入市民，
為其解決困難；對於違章建築，應加強處理，尤不容有
新的違建不斷出現。

政治成敗的關鍵問題

　　今天是七月一日，適為六十五年下半年的第一日，
亦為六十六會計年度開始執行之日，本院及各部會處局
署暨省市政府必須繼續以最高度的熱忱，最堅定的決心
來開展工作，創造更好成果。茲提綱挈領，提出幾項工
作重點，希望各主管機關在今年下半年之內予以貫徹：

　　一、經濟建設工作應依照六年計畫全力進行，使我
國的經濟能持續以穩健的步伐向前邁進，在穩定的基礎
上謀求更大的進步。其中十項建設工作應克服一切困
難，積極推動，希各主管機關妥為籌劃，務使各項建設

均能按照既定計畫如期完成。

二、啟達公司貸款案發生後所暴露之問題極為嚴重，不僅是金融界之恥，也是本院全體同仁應引以為鑑的不幸事件，現全案正在司法機關偵辦之中，違法失職者必須依法受到嚴屬的懲處。惟我們最感痛心者不只是此少數人的違法亂紀，而是本院一再要求金融事業以國家的利益為重，盡忠負責，發揮應有功能，作經濟建設之支柱，但是聽者藐藐，對於貸款案件之審核，不公不正，不問事業的經營計畫如何，也不問國家的政策如何，只問關係夠不夠，面子大不大，把銀行當做私人牟取非法利益的工具，這樣的作法阻礙了經濟發展，也嚴重影響了國民的整體利益，令人憤慨。這種腐敗的作風必須清除，希財經小組對銀行經營的現況從根本上加以檢討，全盤改正現有缺失，如銀行的人事應澈底整頓，實行任期輪調制度；徵信制度必須確立，並由財政部隨時機動查察，以堵塞漏洞。同時，各行庫的工作人員也絕不能因政府澈查啟達案而在處理業務時存心敷衍，推諉塞責，須知在職一日，就必須盡一日之責任，這是公教人員最基本的義務，併希財政部督飭各行局庫嚴加考核。今後政府對於財經政策應全盤採取主動的積極的政策，支援工商企業，但同時也希望工商企業勿存依賴心理，而要以自立自強的精神，減低成本，更新設備，引入新的技術，尤其要注重現代化的管理，來增強企業本身的發展潛力。

三、關於國營事業之改革，應由經濟部加速進行，每一事業的真實情形，都要攤開來坦誠檢討，以便把握

症狀，對症下藥。在人事方面，應作大幅度之精簡調整，並淘汰冗員。關於招標方式問題，應迅會商審計部研究改進，本人認為政府任用一個公務人員，基本上須信任其人格與能力，不宜因防弊而加以許多不合理之束縛，影響業務之正常運作。

四、各類交通事業之中，郵政和電信較有進步，但鐵路、公路及港埠缺點甚多，必須妥加整頓，若干問題之不斷發生，其中必有未易察覺之癥結所在，如不探求真正原因，問題就不能澈底解決，例如談文車禍案的基本原因，可能是鐵路電氣化工程影響了行車速度，司機意圖趕點所致，鐵路局似宜接受此一教訓，坦白承認事實，依據實際需要調整行車時間。又公路局將淘汰車輛轉售民營交通機構及若干學校，無顧學生及一般民眾的生命安全，實已失去政府機關之立場，亦須予以糾正。

五、教育工作不是沒有進步的，但各級學校中仍有許多急需改進之處，亦屬事實，尤其以下三點應由各級教育機關積極著手辦理：（一）加強學校的紀律，整頓學校的風氣；（二）提高師資，改進教學的水準；（三）改善學校的設備與環境。

六、司法是判別是非善惡的天平，關係世道人心至鉅，司法官從事偵審工作，必須以公正廉明的精神為基礎，問事要明，判決要公，並且要兼顧到速審速判的要求。司法人員如果瀆職違法，無異維護社會公平正義的堤防有了缺口，後果極為嚴重，務應加重處分，依法嚴辦。獄政工作並應繼續改進，對受刑人的人格予以應有的尊重，以助其恢復人的天性和良知，凡此均須由司法

行政部致力辦理，以宏績效。

七、平均地權條例修正草案正在立法院審議之中，一俟完成立法程序即將全面施行，希內政部及省市政府預先做好各項準備工作。關於國民住宅之興建，務須依照已定計畫積極進行。至於地方治安工作，尤極重要，應由警察機關切實負起責任，確保社會之安寧。我們深知各級警察人員事繁責重，為了保護國民生命財產之安全，經常餐風沐雨，甚至犧牲自己的生命來執行任務，殊堪嘉許。惟警察人員執勤時之態度宜力求和藹親切，對於民眾切不可頤指氣使，任意呼喝，而須時時存有為民服務的心理，方可減少困難，得到民眾的尊敬和支持，這一點如不能做到，則所有的犧牲與努力前功盡棄。警察人員如此，稅務、地政、戶政等與民眾接觸最多的基層人員無不如此，在民眾的心目中，這些人員代表政府，他們做得好，就是政府成功，他們做得不好，就是政府失敗。凡是軍公教人員，不論其職位之高低，每人必須以「愛」「恕」「公」「勤」的精神和出於真心誠意的和悅態度，來接待每一國民，為他們解決問題，處理事務，如此方能使民眾和政府之間建立起寶貴的真實的情感，這亦是每一軍公教人員的報國之道，和政治成敗的關鍵之所在，希望全體同仁深切體會斯言，認識自己工作的重要性，切實改正以往的錯誤態度。

八、一個機關必須維持良好的機關紀律，才能承擔起工作任務，如縱容少數不肖人員興風作浪，製造是非，則整個機關會趨於散漫紊亂，因此，各級行政機關之首長今後務須嚴格執行紀律。澈底發揮「鐵面無私」

的精神，破除面子，擺脫人情，來清除害群之馬，只要我們的出發點是為公，只要自己問心無愧，就不必有任何顧忌。行政首長的統馭方法，盡在於此。

九、現行人事制度應澈底改革，前次院會中已詳為說明，希人事行政局於近期內提出完整之報告，俾供研商採擇。

十、公文是對某一公務案件之陳述、分析及建議，其文應以「簡單」、「明瞭」、「達意」為主。不宜長篇大論，重複累贅，亦不必過分講求詞藻之修飾，以免形成徒重形式的官樣文章，同時，制作公文只不過是做事的一個環節，辦公文並不就等於做事，各級機關自己應做並且能做的事不應在公文中兜圈子，否則，就是不負責任。

十一、省市政府的工作要有全盤性的計畫，並依照計畫明確決定所屬各單位的工作重點，經常作有效之督導考核，達成預定目標。

當前國難正殷，但只要我們有犧牲奮鬥的大無畏精神，積極推動工作，必可突破一切難關，如果泄泄沓沓，存有得過且過的苟安心理，則縱無強敵外患，也會替國家帶來巨大災難，願各級同仁堅此一念，全力以赴，為我中華民國開創勝利之機運！

7月2日　星期五
【無記載】

7月3日　星期六

上午

八時三十分，接見新任參謀總長宋長志。

九時，主持國防會談，聽取海軍艦隊司令部報告。

會談後，接見新任海軍總司令鄒堅。

下午

五時五十七分，至慈湖守靈。

7月4日　星期日

今天為美國獨立二百週年紀念日，致電福特總統申賀，強調為共同理想而奮鬥。

下午

五時三十分，參加美國獨立兩百週年慶祝酒會。

7月5日　星期一

上午

九時三十分，接見印尼總統顧問阿里。

7月6日　星期二

【無記載】

7月7日　星期三

上午

九時，主持中常會，於討論「海外黨員從事革命鬥爭工

作獎助及撫卹辦法修正案」時，特提示：

本黨同志對敵鬥爭，在海外地區、大陸地區，均應予以
激勵，並宜合訂一統一獎助、撫卹辦法，辦法條文不宜
太多，撫卹所給應視其對黨之貢獻而定，以期發生激勵
作用。

下午

七時三十分，至實踐堂觀賞「八百壯士」影片。

7月8日　星期四

上午

八時三十分，接見即將卸任之美國海軍第七艦隊司令海
華德中將，並就當前亞洲形勢以及中美軍事合作前途，
共同交換意見。

九時，主持行政院院會，提示：

一、徐副院長暨各政務委員考察各項建設及地方政情所
　　提興革意見，希主管機關分別研辦。

二、本年大學新生入學聯招，首次由教育部主辦，較以
　　往已有很多進步，對全體工作人員之辛勞盡責，宜
　　予嘉勉。

三、公立學校學雜費以不多調整為宜，私立學校可自下
　　學年度起酌予調整，惟對清寒學生，政府宜籌措經
　　費，辦理助學貸款。

四、法律之制訂務宜慎重，可由行政機關本於職權，以
　　行政措施辦理者，不必動輒草擬法案。

五、政府現在極力處理舊有違建，不容又有新違建陸續

出現，希內政部會同有關機關研採有效取締辦法。

7月9日至13日　星期五至二
【無記載】

7月14日　星期三
上午

九時，主持中常會。

十時十分，偕同徐副院長慶鐘拜會立法院，對全體立法委員在五十七會期中支持行政院送審之法案以及審議法案之辛勞，表示謝意。

在與倪院長談到正在立法院審查之「平均地權條例草案」時，指出：平均地權為國父手創之土地政策，其目的在達到地盡其利、地利共享，並防止土地投機與壟斷，因此期望立法委員集思廣益，竭智盡慮，使此一法案更臻完善。

7月15日　星期四
上午

八時三十分，接見美國眾議員安德森。

九時，主持行政院院會。

十時三十分，接見哥倫比亞外交部顧問龔薩萊斯。

十時四十五分，接見美國國會議員助理訪問團倪實谷等十四人。

7月16日　星期五

上午

八時四十二分,飛抵花蓮,在縣政府聽取黃福壽縣長報告一期稻作雖遭受豪雨侵襲,仍然豐收情形後,即指示黃縣長協調糧食管理處收購稻穀,以減少農民損失,並要全力照顧低收入民眾的生活。

九時三十五分,由黃縣長陪同,巡視花蓮糧食管理處糧倉存放稻穀情形。

十時,至花蓮區農業改革實驗所,參觀殺草劑,茭白筍純系育種、夏季蔬菜等各項實驗成果。

十時三十三分,至鯉魚潭,探訪榮民楊忠勇。

中午

十二時三十七分,巡視瑞穗鄉旱田水利灌溉所,並至玉里鎮源城里巡視六十二年「娜拉」風災區農地重劃復耕情形。

下午

五時,飛返臺北。

7月17日　星期六

上午

九時,主持國防會談,聽取海軍後勤司令部報告。

7月18日　星期日

上午

九時十分，主持中國國民黨六十五年黨務工作會議開幕
典禮，致詞勗勉與會同志：

這次會議，是要檢討過去、開展未來和開好第十一次全
國代表大會。黨員同志的結合，最重要的是心的結合。
有苦同嚐、有難同當；流汗流血均在一起，這是今天應
發揮的黨的精神。自北伐統一全國後，真正的政治上的
鬥爭，就是中國國民黨對共產黨的鬥爭，惟有我們消滅
共產黨之後，才能說是革命的成功。所以每一黨員均是
為反共而奮鬥的戰鬥員。我們的力量在群眾，今後必須
強調黨與群眾的結合，才能發揮革命力量。此外，黨員
應有犧牲奉獻的觀念，而不應有絲毫的享受觀念。只要
大家遵照總理及總裁遺訓，把自己的心力奉獻給黨、給
國家、給民眾，我們定能獲得最後的成功。

總裁常說，我們復國建國的工作，是「三分軍事、七分
政治」，因此今後要打敗敵人，必須用三分武器的火
力、七分革命的精神，這是我們勝利成功的保證。

7月19日　星期一

【無記載】

7月20日　星期二

上午

七時四十八分，至陽明山中山樓出席黨務工作會議。

下午

五時，主持黨務工作會議閉幕典禮，致詞勉勵全黨同
志，要加強同仇敵愾的反共精神，樹立冒險犯難的風
氣，推動服務奉獻的基層工作，厲行勤勞儉樸的戰時生
活；同時期勉黨務工作幹部，要一心一德做好自己應做
的工作，正心誠意服從黨的領導，寬大為懷的對待群
眾，實事求是的完成自己的任務。今後要特別加強的任
務是：更進一步加強團結；改善民生；充實戰備；厲行
全面革新。三天的會議，收穫很多，而最大的收穫是彼
此間建立了更深厚的革命感情；同志間有深厚豐富的感
情，就能發揮同生死共患難的革命精神。總裁決定興建
中山樓紀念總理百年誕辰，就是要我們不忘大陸，要大
家發揚中華文化，實行總理遺教，期望大家時時刻刻銘
記總裁對我們的期望，並努力奮發，以達成總裁光復大
陸國土的遺訓。

閉幕後，與全體出席黨務工作會議同志舉行會餐。

六時三十分，參加哥倫比亞國慶酒會。

7月21日　星期三

上午

九時，主持中常會，提示：

黨的工作，應從大處著手，致力於思想教育、政策領
導、端正社會風氣等工作；至於社會救助性質的作為，
已有政府社教機關辦理，各種各級黨部不必重複辦理。

下午

四時三十分，以茶會接待參加近代工程技術研討會之國內外學者專家八十餘人，並致詞表示：我國各項建設，是基於「事在人為」、「人定勝天」的信念，而完成別人認為不可能的事。這次國內外學者專家所研討的均是具體問題，極合國家需要，尤其提供工程新穎技術、企業管理方法及寶貴的資料，可以促進國家的更進步。並強調知識唯在自由中方能發揮，自由也是使知識變成力量的最重要因素，希望與會人士，多多提供意見，共同為國家的前途來努力。

7月22日　星期四

上午

八時十五分，接見美國眾議員戴文斯基夫婦，對其來訪，表示歡迎；並就中美兩國關係，共同交換意見。

八時四十五分，接見參加支援被奴役國家大會代表：巴西眾議員賈立爾、義大利羅馬大學教授羅白蒂、烏克蘭反布集團宣傳部部長斯特茨科夫人、紐西蘭作家柯勞維茲等。

九時，主持行政院院會。

十一時十五分，飛抵高雄，巡視中國造船公司。

十一時四十分，在中國造船公司接見我國奧運代表團全體團員，並共進午餐。嘉許全體團員發揮莊敬自強精神，為保持國家尊嚴，艱苦奮鬥，毅然決然退出本屆奧運會，這一行動也是正告世界：「中華民國就是中國、中國也就是中華民國。」並且強調國號、國歌、國旗代

表國家整體，不容我們放棄，不許他人屈辱，勉勵大家
要發揮我們國花——梅花的最耐寒、最能經得環境考驗
的精神，奮鬥不懈，做個堂堂正正的中國人，建立堂堂
正正的國家。

午餐後，接見奧運代表團總教練楊傳廣，嘉許其為奧運
會所作之奮鬥。

7 月 23 日　星期五

上午

九時，參觀高雄縣大樹鄉佛光山。

十時二十五分，抵旗山鎮尚寮香蕉檢驗場，巡視香蕉收
集及運銷作業；並參觀尚和食品公司鳳梨加工作業，聽
取生產報告。

十一時〇七分，巡視旗山中小企業銀行。

十一時二十五分，巡視美濃鎮公所。

十一時四十三分，參觀中正湖，並向農民詢問菸葉、稻
穀生產狀況。

7 月 24 日　星期六

上午

八時四十分，巡視屏東大武營區。

九時二十七分，巡視屏東縣政府。

十時〇五分，巡視萬丹鄉農會。

十時十七分，巡視萬丹國中臨時穀倉及收購稻穀情形；
並至新園鄉慰問蕉農，告以將由農復會研究建立合理產
銷制度，防止滯銷，以維護蕉農利益。

十一時，巡視興建中之高屏沿海公路林園至東港大橋。

十一時三十二分，巡視東港臺灣水產實驗中心虱目魚及蝦類養殖及人工繁殖情形。

中午

十二時五十五分，參觀東隆宮。

下午

二時四十五分，抵墾丁賓館。

7月25日　星期日

上午

在墾丁接見屏東縣縣長柯文福，指示辦好防洪工作，以維護民眾生命財產之安全；並注意發展陸上、海上及空中交通，以配合將來觀光事業之進展。

十一時四十分，飛返臺北。

下午

七時二十三分，至松山國際機場接女公子孝章夫婦返國。

7月26日　星期一

上午

十時五十五分，蒞三軍軍官俱樂部對國防部年終檢討會出席人員講話。

7 月 27 日　星期二
【無記載】

7 月 28 日　星期三
上午

八時三十分，在中央黨部接見日本參議員佐藤信二等。

九時，主持中常會。

下午

四時三十分，以茶會款待中央研究院全體院士，對彼等過去之成就，表示崇高之敬意與謝意；並且表示：國家的各項建設，是全民的建設，需要大家共同努力，完成任務，希望各位院士不保留的提供智慧與意見，作更大更多的貢獻。

7 月 29 日　星期四
上午

八時三十分，接見美國進出口銀行總裁杜布魯爾。

九時，主持行政院院會，提示：

一、銀行不是專以賺錢為目的而設，應以配合經建、支持工商事業發展為其主要任務。希望財政部督促各銀行，務必負起責任，予正當工商事業以應有之便利與協助。

二、為積極推展對外貿易，應切實加強出口商品之檢驗，並對不守商業道德、破壞我國商譽之廠商，予以嚴格處分。

三、最近出口貨運常有貨等船、機或船、機等貨之脫節
　　現象，交通部應速與有關單位研商，可否設置外銷
　　貨運之調配中心，以促進貨暢其流之功用。

四、省產水果、蔬菜，時有供需失調情形，影響農民收
　　益與國民大眾生活。對於水果與蔬菜自生產、運輸
　　以至銷售之整個體系制度如何改進，請經濟部會同
　　農復會及有關單位加以研究。

十時，接見李連春等。

7月30日　星期五

上午

九時，接見美國中央情報局情報分析員弗特等三人。

九時三十分，接見東吳大學法學院院長呂光。

十一時五十五分，飛抵金門。

下午

四時三十四分，巡視金門農業試驗所種苗試驗場試種成
功之金寶瓜、新種高粱及蔬菜栽種情形。

四時四十二分，巡視西洪前線陣地，慰問官兵。

四時五十九分，參觀護國寺。

五時〇三分，慰問山外民眾。

五時二十五分，巡視太武山雷達站，慰問工作人員。

今日西德之「德意志新聞週報」刊載院長答復西德慕尼
黑國際政治研究所主任金德曼教授所提出之問題時，以
「吾人士氣，絲毫未損」為題，明確闡釋我國之反共立
場；並且強調我戰略地位重要，我國有能力保障自己國

防安全，如共黨發動大規模攻擊，我自將根據與友邦簽
約之防禦協定，共同採取防阻措施。

吾人士氣，絲毫未損

問：如果拿臺灣和其他東南亞國家的內政發展做個比較
　　——諸如南韓、泰國或菲律賓，就會發現，臺灣業
　　已正享有廿五年來前所未有的內政上的安定，導致
　　此種驚人之內政安定，其理由何在呢？

答：在故總統蔣公賢明領導下，徹底實行三民主義，諸
　　如實施土地改革，加速經濟成長，提高國民生活水
　　準，減少貧富差距，實施九年國民義務教育，輔導
　　榮民與國民就業，實施公保與勞保制度，以及加強
　　社會福利措施等，均為我國廿五年來最具績效之施
　　政措施，亦為導致內政安定之重要因素。

問：就目前越戰後的亞太地區的國際政治結構言，閣下
　　如何評估臺灣在該地區內的戰略重要性？

答：中南半島淪於共黨控制後，東北亞的地位愈益重
　　要，臺灣位居東北亞與東南亞的中央連接位置，又
　　據日本向南安全航道的戰略翼側，復為通往菲律賓
　　的跳板與進入南中國海之大門，此一戰略樞要地
　　位，對於自由世界在西太平洋自日本至菲律賓的防
　　禦線或自馬利安納至新幾內亞的第二道防線，均具
　　有決定性的影響，而對位居東北亞的日本與韓國之
　　安全尤具重要性。

問：最近幾年，貴國政府經常談到所謂國民外交，特別
　　是目前和中華民國沒有保持正式外交關係的國家，

尤其是西歐國家，除了貿易之外，閣下認為那些方
式才是較有效的國民外交所必需？

答：我們一向很重視與西歐國家的關係，目前彼此的經
濟貿易、教育文化及民間的互訪等實質關係，仍有
增無已，這些都是應該也能夠進一步加強的。

問：自從民國四十七年中共在第三次的金門戰役之中遭
到挫敗後，雖然偶爾叫囂以武力奪取臺灣為威脅，
且美國國會亦已撤銷其在民國四十四年通過的「臺
灣決議案」，但中共一直謹慎地避免以武力侵犯金
馬外島，或避免以武力攻擊中華民國在臺灣海峽及
其週遭水域之空中或海上交通。中共自我抑制之理
由何在？在若干因素中，其中是否亦有在臺灣海峽
地區發生新的嚴重危機時蘇俄或將插手之顧慮？

答：自共軍於三十八年侵犯金門全軍覆沒及毛共海空軍
屢次向我金馬外島挑釁，遭受嚴重挫敗後，匪軍顯
然已充分瞭解國軍士氣旺盛，裝備與戰技精良，故
不再敢冒險進犯。我們堅信對付侵略成性的毛共，
惟有保持自身的精實壯大，才能阻止其進犯。

問：「尼克森主義」要求美國的亞洲盟邦自身承擔較多
的防衛責任，同時允諾提供他們更多的軍備，就臺
灣而言，閣下是否覺得美國繼續遵守著諾言？

答：我們對於美國多年來給予我國的軍經援助，極為欣
感；同時絕不懷疑美國信守其對中美共同防禦條約
的承諾。就我國本身軍事力量而言，我三軍裝備精
良，士氣高昂，自身有足夠力量防衛金、馬、臺、
澎，惟仍盼美國能予我道義的，精神的，和後勤的

支援。

問：有些外國軍事觀察家認為即使沒有任何軍事盟約，只要能保持它的外海補給線暢通，中華民國仍能抵禦中共傾巢而出的軍事攻擊。閣下認為中華民國的海空力量能夠成功地完成其任務嗎？（即維持外海補給線暢通）

答：我國有能力保障自己的國防安全，但如果共黨向這個區域發動大規模的攻擊時，我們為了維護西太平洋地區的安定與和平，自將根據與友邦簽約的防禦協定，共同採取防阻措施。

問：如果中國大陸的政治制度發生基本改變，閣下是否認為耕者有其田的臺灣農業制度之典範，能夠輕易地介紹到中國的其他各地方？或者閣下認為綜合私有制與共有制的混合制度比較適合？

答：我國根據三民主義在臺灣實施的耕者有其田（土地改革）制度，十分成功，我們收復大陸後，自將以臺灣為範例，全面施行。

問：自從閣下出長行政院以來的一段時間中，貴國政府最大成就為何？最感困擾的問題為何？

答：三年多來，我們積極倡導政治革新，推行十大建設，提高人民生活水準，縮減貧富間差距。因此，民眾與政府間團結一致，意志集中，民心振奮，士氣高揚，均為較具體之成就。至於如何使受世界經濟萎縮影響的我國經濟加速復甦，以及如何改善臺灣的交通及環境衛生狀況等，均為目前亟需努力的重點。本人願意在此特別強調，過去幾年來的成

就，都是我國全國民眾與政府共同努力的結果，故
相信今後任何困難問題，亦必可在大家一致努力之
下而予以克服。

7月31日　星期六

【無記載】

8月1日　星期日

上午

七時，在金門擎天廳與防區師長以上幹部共進早餐。

七時四十分，蒞太武山，在「毋忘在莒」勒石前瞭望對岸大陸山河，並巡視海印寺。

八時二十五分，巡視金門戰鬥營，率同全體師生學員在太武山公墓前恭祭總統蔣公及陣亡將士；並勉勵大家效法先賢先烈的戰鬥意志和愛國精神，奮鬥不懈，以共同匯集的戰鬥力量，為國家民族再造更光輝之史頁。

十時〇六分，飛抵馬公，聽取澎防部簡報。

十一時〇五分，巡視溝美青年暑期戰鬥營。

十一時二十分，巡視沙港漁港，垂詢漁屋及漁民生活，並慰問村民。

中午

十二時五十六分，巡視西嶼鄉公所，訪問農漁村。

下午

一時五十分，巡視成功水庫，因其儲水量不高，仍指示澎湖呂安德縣長從速建造第二水庫。

8月2日至3日　星期一至二

【無記載】

8月4日　星期三

上午

九時，主持中常會。

8月5日　星期四

上午

九時，主持行政院院會，提示：

一、中央總預算中所列之第二預備金，主要用途是應付未能預見之緊急性或突發性事務所必需之支出，並非用以彌補應在正常預算額度內不足之開支，此一原則務必確切把握。

二、由近日發生臺南市建設局長詐賭案及彰化銀行儲蓄部出納主任侵吞公款案觀之，與吾人所預期之澄清吏治、整肅綱紀，真是背道而馳，應予痛切檢討。此二人之直屬主管長期疏忽監督，乃不可原諒之失職，宜加查究處分；對彰化銀行制度之不健全，財政部應即徹查處理，同時對其他銀行之作業管理制度，亦均應深入了解，以防範於未然。

三、華北發生強烈地震，災情嚴重，我們對大陸同胞身受如此苦難，必須盡最大力量，展開救助。同時在此匪偽政權內外煎迫、人心癱瘓之時，我們更要加緊對敵作戰，以加速其崩潰滅亡。我們現在豐衣足食，生活安定，此乃國家實行三民主義、發展經濟、改革政治之成果，也因強化國防、提高國力，才有安全的保障，我們必須愈益淬厲奮發，在國防、政治、經濟各方面加強改進，方能達到國家強

大之目標。

院會後,主持財經會談,提示:

一、金融業要發揮調劑工商融資需要之功能,銀行不可
　　因最近貸款發生弊案,而怠忽其應有之職責,對
　　正當工商事業,正常所需之資金融通,仍應積極
　　辦理。

二、近年若干工業,因過分擴充及遭遇國際經濟衰退影
　　響,招致困難,實亦由於缺乏妥善策劃之結果,如
　　何輔導業者循正確方向穩健發展,希望財經小組,
　　就此一問題加以探討。

下午

二時三十二分,主持中央黨部工作會議。

8月6日　星期五

【無記載】

8月7日　星期六

上午

八時三十分,接見夏威夷僑領程廷焯等二人。

九時,主持國防會談,聽取空軍作戰司令部報告。

十時三十分,接見美國第十四航空軍協會會員陳香梅等
七人。

8月8日　星期日
上午

八時，飛抵新竹，先後巡視湳雅市地重劃區、興建中之中正棒球場、城隍廟及公教福利品供應中心。

九時，巡視十八尖山科學工業園區、聽取經濟部部長孫運璿有關該區之規劃報告，提示：在收購土地時，應按市價辦理，勿使地主受損。

九時二十五分，參觀藝術家彫刻公司。

九時三十三分，巡視竹蓮菜市場，與菜販、肉販、魚販寒喧，並詢問青菜、魚、肉等價格。

十時〇七分，參觀國產電器公司。

十時三十五分，巡視湖口工業區開發工程、高速公路竹北段施工情形，並慰問工作人員之辛勞。

十一時二十五分，訪問新埔鎮巨浦里示範農家吳盛時、吳家聲之葡萄園，並品嚐其「巨峰種」葡萄，對該地風景之幽美，譽之為「人間天堂」。

8月9日　星期一
上午

九時，接見中非外交部部長法蘭克。

下午

三時，參加國家安全會議簡報。

四時四十七分，至中央氣象局，聽取畢莉颱風動態簡報，並指示有關單位做好防颱準備工作。

晚

長途電話臺北、新竹、基隆縣市長,垂詢各地災情,並指示加強防範。

8月10日　星期二

晨

與新竹縣縣長林保仁通電話,詢問風災情形。

上午

十時,與宜蘭縣縣長李鳳鳴通電話,詢問風災情形,並囑代為慰問各級防災工作人員之辛勞。

8月11日　星期三

上午

九時,主持中常會。

8月12日　星期四

上午

八時三十分,接見美國洛克菲勒副總統之特別助理葛瑞德。

九時,主持行政院院會,提示:

一、此次畢莉颱風在北部登陸,幸防護得宜,未發生重大損害,殊堪嘉慰。惟現值颱風季節,防範工作不可稍有鬆懈,政府多做一分努力,民眾生命財產就可多得一分安全保障,此理吾人應深切體會。

二、臺電超高壓輸電線路為颱風吹毀,臺北地區用電量

自須暫作合理之限制；惟限電應以非生產性之用戶
為對象，至於工業用電，應儘可能照常供應。希經
濟部秉此原則擬訂辦法實施。

8月13日　星期五

上午

十一時二十二分，至臺北市政府詢問畢莉颱風過境北市
各區受損及搶修復舊情形，並指示儘速檢修損壞水管，
全面恢復正常供水；同時應即加速清理廢物、疏濬排水
系統，以保持市容整潔。

8月14日　星期六

上午

十時，在臺中成功嶺主持六十六學年度大專學生暑期集
訓第一梯次結訓典禮，勉勵全體學生，以民族愛為前
提，將智慧、精神、勇氣和信心，發為復國建國的朝
氣、意志、力量和行動；在此大時代中，不惑不懼，積
極奮鬥，為自己、為國家，開闢康莊坦夷的大道。
十一時三十分，與參加暑期集訓之大專學生會餐。

下午

四時〇五分，先後接見參謀總長宋長志、陸軍總司令馬
安瀾及臺灣省主席謝東閔等。

8 月 15 日　星期日

上午

八時二十分，蒞臨南投縣國姓鄉北山村大眾食堂張讚盛家，並與馬陵湖登山青年朋友話家常。

九時三十分，抵臺中市政府，聽取擴大都市計劃簡報，指示陳端堂市長今後中市建設應以容納百萬人口為目標，舉凡都市計劃、交通系統及社區發展，都應密切配合。

十時，參觀孔廟。

十一時十五分，聽取臺中港施工簡報，並巡視五至八號碼頭沉箱工程，慰勉工程人員，指示應把握工程進度，以期配合十月間開始營運之需要。

8 月 16 日　星期一

【無記載】

8 月 17 日　星期二

下午

六時二十六分，在六十五年國家建設研究會遊園餐會會場，與各報記者詳談當前行政工作重點——工商貸款、經濟景氣恢復、利率、物價、社會風氣、糧食政策及糧倉不足等有關問題，並予說明。

七時，主持款待參加國家建設研究會全體學人及其眷屬之遊園餐會，與彼等共話家常，並致詞強調：研究國家建設，必須具備兩個基本信念：

第一、要有不變的基本觀念——代表全體中國人的唯一

合法政府，是中華民國政府；

第二、必須有堅定不移的信心——中華民國一定能光復
　　　大陸國土、拯救大陸同胞，使全體同胞都能享
　　　受中華民國的自由與繁榮。

8月18日　星期三

上午

九時，主持中常會。

十時四十四分，至立法委員王秉鈞寓所，祝賀其壽誕。

中午

十二時，約中央研究院院士蔣碩傑、費景漢、顧應昌、
鄒至莊、邢慕寰及財經首長，共進午餐，對當前經濟問
題交換意見，並分析臺灣經濟今後發展方向。

8月19日　星期四

上午

八時三十分，接見國民大會秘書長陳建中。

九時，主持行政院院會。

十一時，接見美國駐華大使安克志。

中午

十二時，約何世禮等共進午餐。

下午

四時五十一分，至慈湖謁陵。

8 月 20 日　星期五

上午

八時四十八分，至臺北市立殯儀館弔祭張知本先生之喪。

下午

四時，接見美國國會議員助理訪問團。

六時，在松山軍用機場，以軍禮歡迎史瓦濟蘭總理馬佩夫親王夫婦訪華。

8 月 21 日　星期六

上午

十時，在復興崗政治作戰學校，主持陸海空三軍官校及政治作戰學校學生聯合畢業典禮，勗勉全體學生確認奮鬥目標，端正革命方向，發揚黃埔精神，完成領袖復國建國的遺志大願。

8 月 22 日　星期日

我中華青棒及青少棒球隊，今晨分別在美國勞德岱堡及蓋瑞城雙膺世界大賽冠軍，特分電致賀。

上午

九時〇四分，訪問淡水、金山、陽明山等地。

8月23日 星期一

上午

十時三十分，由經濟部部長孫運璿陪同，至臺電公司聽取本月九日被畢莉颱風吹壞之輸電線路鐵塔搶修情形，對該公司一百六十餘位技術工作同仁日夜趕工，提前完成大安溪南北段超高壓臨時輸電線路，使北部限電措施能早日解除，親致嘉慰。

下午

二時三十五分，至三軍總醫院探望黃少谷先生。

8月24日 星期二

上午

八時三十分，接見美國開發協會會長葛蘭德。

九時，接見美國大學校長訪問團。

十一時五十分，飛抵高雄。

下午

七時，在高雄圓山飯店，以晚宴款待史瓦濟蘭總理馬佩夫親王夫婦及其隨員，我外交部部長沈昌煥夫婦等作陪。

晚宴前，院長曾與馬佩夫總理舉行會談，雙方就兩國間之利益與合作，交換意見。

8月25日　星期三

上午

八時十一分，飛返臺北。

九時，主持中常會，於聽取司法行政部調查局工作報告後，提示：

司法行政部調查局工作，對於社會安定、國家安全，甚多貢獻，此後仍希特別注意防範匪諜與遏阻共匪滲透，以求得國家之更大安全。對於防範貪污方面，要不怕「家醜外揚」，繼續加強辦理。我認為司法調查工作，必須「求真求實，毋枉毋縱」，求真求實，就是要做到沒有人情、沒有意氣、沒有恩怨，才能使人信服；毋枉毋縱就是不放過一個壞人，也不冤枉一個好人，否則同樣會對國家社會構成損害。

下午

二時二十分，至慈湖謁陵。

四時二十三分，至松山機場送女公子孝章夫婦返美。

六時，參加烏拉圭國慶酒會。

8月26日　星期四

上午

九時，主持行政院院會，提示：

一、有關機關應成立「協助工商業融資小組」，以給予工商業正當融資的便利與協助。

二、在防止通貨惡性膨脹之前提下，政府當盡一切力量來幫助生產等業增加生產、拓展外銷，使經濟建設

有更好成績。

三、希望工商業者自立自強，力求事業本身之營運管理
　　合理化、現代化，對於資金的調度，尤應有正當合
　　理的運作。

院會後，接見司法行政部部長汪道淵。

中午

十二時四十九分，至松山機場歡送史瓦濟蘭總理馬佩夫
親王夫婦離華。

8月27日　星期五

上午

八時，邀請張嘉璈先生在圓山飯店共進早餐。

十時二十五分，至中央黨部訪晤張秘書長寶樹。

8月28日　星期六

上午

九時，主持國防會談，聽取空軍作戰司令部報告。

會談後，聽取中山科學研究院簡報。

韓國漢城市市政廳今天舉行金九百年誕辰慶祝大會，院
長特電致賀詞，推崇金九為一偉大革命家，以一生獻給
獨立運動，並於韓國獨立後，不顧困難與年老，獻身於
韓國的統一。

8 月 29 日　星期日
【無記載】

8 月 30 日　星期一
【無記載】

8 月 31 日　星期二
上午

八時四十分,主持行政院慶生會。

八時五十三分,至經濟部工業局聽取簡報,提示:

一、應與金融部門查明各行各業真正需要協助之企
　　業,主動協助其解決困難;對於有困難需要整頓之
　　工業,亦應輔導其走向正常發展。

二、宜在宜蘭、蘇澳間開闢工業區,以促進東部之
　　繁榮。

十時三十分,巡視經濟部國際貿易局,聽取汪彝定局長
之工作報告,指示該局今後應全力協助工商業界加強拓
展對外貿易業務。

9月1日　星期三

上午

八時三十分，接見中華青年及青少年棒球隊全體隊職員，對兩隊在國際體壇上為國爭光，表示嘉慰；並分贈每人總統蔣公紀念像一座。

九時，主持中常會。

中午

十二時，在陽明山莊參加革命實踐研究院聚餐。

下午

五時，接見美國加州十九所大學總監鄧愷夫婦。

9月2日　星期四

上午

八時三十分，接見臺灣電力公司搶修超高壓輸電線路大安溪臨時接駁線路趕工特別辛勞人員李介仁等十五人，並一一頒發獎狀，對彼等能提前完成任務，使北部限電措施早日解除，深表嘉勉，特別讚揚彼等充分發揮團隊精神及冒險犯難的負責精神。

九時，主持行政院院會，提示：

一、善加輔導落榜學生，並盼教育部取消助學貸款名額限制。

二、對於今後工業建設，要特別注意均衡發展原則。

三、關於「新竹科學工業園區」之構想，甚為正確，希經濟部、教育部及國科會聯合成立小組，積極規

劃,早日促成。

十時三十分,巡視臺灣省糧食局並聽取簡報,指示今後
稻米生產應注重提高單位面積產量,同時貫徹稻穀收購
政策與積極興建糧倉,以解決倉容困難問題。今後對各
級農會之聯繫,應予加強,隨時督導考核,使其能為農
民作週到之服務。

下午

三時,主持中央黨部工作會議。

四時三十分,接見陸軍總司令馬安瀾。

五時,接見國策顧問余伯泉。

9月3日 星期五

上午

七時三十分,在三軍軍官俱樂部與全體國軍英雄、莒光
連隊長、敬軍愛民模範等一百六十一人共進早餐,剴切
期勉彼等負起建軍建國重任,以如何克服困難、打敗敵
人,作為國軍官兵共同奮鬥的目標。今後反攻大陸最重
要的力量,就是結合毛共軍隊的反共抗暴運動,掌握局
面,來光復大陸、拯救同胞。並特別強調團結奮鬥,向
既定目標努力前進,深信三軍一心,軍民一體,必能贏
得最後勝利。

十時,參加秋祭。

十時三十分,接見美國加州大學教授史卡拉賓諾。

下午

五時，接見中央黨部組織工作會主任李煥。

9月4日　星期六

上午

九時，偕同政務委員周書楷、內政部部長張豐緒及臺灣
省政府主席謝東閔，抵達彰化芬園鄉巡視德興社區，並
經產業道路至花壇鄉、員林百果山風景區、溪湖鎮、王
公漁港、竹塘、田尾、北斗鎮、二水鄉等地，訪問農漁
民、學生、女工、花農等；並特別在竹山集山路訪問錢
世凰小朋友，贈其鋼筆一對，贈其祖母人參一支。

9月5日　星期日

上午

八時二十分，由南投縣縣長劉裕猷陪同，參觀鹿谷鄉鳳
凰村開山廟、慚愧祖師廟、鳳凰社區、臺大實驗林管理
處大水崛工作站、製茶所等地，並訪問茶農，詢問其生
活及收益情形。在看到「萬年享衢」古石碣時，因感念
先民開闢之艱辛，期望國人亦當發揮堅忍不拔精神，完
成建國復國歷史任務。

十一時五十分，至中寮鄉崁頂社區，訪問地方人士，參
觀社區建設，並與民眾合影。

下午

至南投縣立三和游泳池參觀。

9月6日　星期一
【無記載】

9月7日　星期二
上午

八時三十分，接見立法委員佘凌雲等七人。

下午

四時，接見立法委員吳延環等六人。

9月8日　星期三
上午

八時三十分，接見薩爾瓦多駐華兼使康特雷拉斯。

九時，主持中常會，並先作說明：

今日是中秋節，照規定應該放假一天，其所以仍然照常舉行中常會，是為要討論第四屆大法官提名案，俾有所決定後，依程序送監察院，使監察院得於本月中旬舉行晚會時，有足夠的時間研究和討論。

下午

五時，蒞桃園臺北監獄，親切慰問受刑人，並致贈月餅，勉勵改過向善，重新做人。

七時二十五分，至慈湖謁陵。

9月9日　星期四

上午

九時，主持行政院院會。

院會後，主持政治小組會議。

9月10日　星期五

【無記載】

9月11日　星期六

上午

九時，主持國防會談，聽取「國軍建軍構想之研究」報告。

十時三十六分，在中央黨部主持臨時座談會。

今日以中國國民黨中央委員會主席身分，發表告大陸同胞書，號召大陸同胞，在此毛澤東罪惡統治開始結束（毛賊於本月八日夜倒斃）的關鍵時刻，我們必須同心協力併肩奮鬥，徹底摧毀毛共暴政。

告大陸同胞書

親愛的大陸同胞們：

　　毛澤東倒斃了，你們已不必再受毛澤東殘留的淫威擺佈，更不必對在「毛澤東體制」和「毛澤東思想」下的一小撮當權派，存著恐懼或幻想了！今天是猶疑、觀望繼續被共產極權奴役？還是積極、奮起做自由民主的主人？就全在自己的一念之間。當大家面臨這一個大變

化的關鍵時刻，中國國民黨願鄭重宣告：

國民黨始終追求的目標，是光復大陸，解救同胞。

國民黨百折不撓的精神，是堅持民族獨立、民權平等、民生樂利。

國民黨堅定不移的信念，是反攻復國一定成功、自由民主一定勝利。

這也就是說，今天的行動指標：

不只是要剷除毛共的一切暴力暴政，同時還要根絕毛共思想、制度的一切殘餘毒素。

不只是要恢復大陸同胞的一切自由，一切人性尊嚴，同時還要大陸同胞食、衣、住、行、育、樂的生活資料，不再被掠奪迫害，不再虞短缺匱乏！

大陸同胞們！在此國家雖已除一元凶，同胞亦已去一大敵，毛澤東罪惡統治開始結束的關鍵時刻，我們必須更加心同心、手攜手、肩併肩的共同來澈底消滅「沒有毛澤東的毛澤東思想」，澈底摧毀「沒有毛澤東的毛澤東體制」，澈底剷除「沒有毛澤東的毛澤東暴政」！

中國國民黨是不問階級、不分彼此、只講大是大非的、全民的革命民主政黨！

每一個奮起抗暴的大陸同胞，就都是國民革命的精神黨員！

每一個覺醒反共的共黨幹部，就都是國民革命的精神鬥士！

每一個起義自救的共軍官兵，就都是國民革命的精神戰友！

每一個脫離魔掌投向自由的共黨駐外人員，就都一

樣是國民革命的志士仁人！

　　大陸上所有抗暴革命行動，我們一定迅速的從海上支援、空中協助、敵後策應！也一定從基地、前哨、海外，給予每一個奔向自由者，以充分的接應和援護！

　　大陸同胞們！毛澤東的統治結束了，「天安門」抗暴的火頭，正遍地燃燒！大家一起來清除「毛思想」毒素！摧毀「毛體制」暴政！也一起來自救救國，向前衝進，為實踐民族獨立、民權平等、民生樂利的理想而共同奮鬥！為重建中華民國而共同努力。

9月12日　星期日
下午

五時，約克萊恩等在七海新村茶敘。

9月13日　星期一
上午

九時三十八分，接見中央研究院院長錢思亮等三人。

下午

四時，接見立法委員白如初等六人。

9月14日　星期二
上午

八時三十分，接見立法委員陳顧遠等七人。

下午

五時，接見美國駐華大使安克志。

五時四十五分，接見經濟部部長孫運璿。

9 月 15 日　星期三

上午

九時，主持中常會。

常會後，接見國際關係研究中心副主任魏鏞。

下午

六時，參加哥斯達黎加、尼加拉瓜、瓜地馬拉三國聯合
國慶酒會。

9 月 16 日　星期四

上午

九時，主持行政院院會，鄭重表示，中華民國從無考慮
製造核子武器的意圖，也絕無此事實。並經院會決議就
此事發表嚴正聲明。

十時三十分，接見韓國「五、一六民族賞」訪華團。

中午

十二時四十分，以長途電話向宜蘭縣縣長李鳳鳴查詢
蘭陽地區連續豪雨情形，並囑有效防救災害，以減輕
損失。

9月17日　星期五

上午

九時，列席立法院第五十八會期第一次會議，提出口頭施政報告之補充報告：

一、光復大陸後，大陸同胞可享有：現耕的土地、現住的房屋、現在工作的工廠，不歸還原主；在政治上，將採取不殺、不鬥、不究既往的政策，以恢復大陸同胞的自由、平等的權利。

二、盼美國重行檢討對匪政策，維護中美盟誼，符合兩國利益；並重申我絕不與匪談判或接觸。

三、強調我決加強敵後工作，並就匪黨密件，揭露共匪進行世界革命陰謀。

四、在當前混亂局勢下，我們的策略是求生存、求發展、求進步、求成功。

五、我們的經濟政策，是農工平衡發展，並且控制預算與通貨，協助工商界解決困難；但盼望工商界要妥用借來的資金。

六、十項建設完成後，政府將著重於民生建設，以及國防民生合一的建設。

七、利率與匯率政府暫不考慮調整，自下年度起，塩稅決予取消。

八、堅持原子能和平用途的原則，我們決不製造核子武器。

下午

三時，列席立法院會議，答復質詢。

六時三十分，參加行政、立法兩院聯合會餐。

9 月 18 日　星期六
上午

九時，主持國防會談。

9 月 19 日　星期日
上午

十時，參加開國元勳張靜江先生百歲誕辰紀念儀式。

9 月 20 日　星期一
【無記載】

9 月 21 日　星期二
上午

八時三十分，接見沙烏地阿拉伯商業部部長蘇來曼等。

九時，列席立法院會議，說明下列各點：

一、政府為求達到富國裕民目的，全力建設臺灣，期使全民共享安定、舒適、自由的生活。

二、政府重視農工漁業利潤，致力剷除中間剝削，並決定降低農用塩價格。

三、公地不再放領，決定留作公用——興建國民住宅，造產及旅遊事業。

四、期望公教人員以宗教家的精神，踏踏實實，為民服務，而不享絲毫特權。

五、勉勵國人應破除愛面子、講排場的觀念，用錢要恰

當，不可「打腫臉充胖子」。

下午

三時，列席立法院會議，答復質詢。

9月22日　星期三

上午

九時，主持中常會，對第十一次全國代表大會中央委員
選舉，改用電腦開票作業計劃案，提示：

本案雖屬技術問題，但電腦係由技術人員操縱，仍希承
辦同志多作演練，以求純熟，務期選舉結果準確無誤；
為防備萬一起見，對於以人力開票之作業，亦可同時
準備。

常會後，接見旅港僑領何弘毅。

下午

四時三十分，接見臺中港建設委員會副主任委員廖
文毅。

9月23日　星期四

上午

八時三十分，接見美國退伍軍人協會總會長羅吉斯。

九時，主持行政院院會，提示：

一、不發展核子武器，上週院會已作成正式聲明，我們
　　以誠信處世，說到必須做到。希有關部會通知各學
　　術研究機構，切遵此一政府決策。

二、毛匪死亡後，共匪內鬨日劇，各有關部門應加強
　　對敵心戰工作，針對大陸民眾之實際願望與意識觀
　　念，提出明確主張，號召全民共起抗暴。

三、對海難死亡之漁民家屬，政府應多盡一分責任，予
　　以照顧。請臺灣省政府依據以往資料，研究可否運
　　用社會福利金在預算中編列專款，予以救濟。

院會後，接見中央銀行總裁俞國華。

9月24日　星期五

上午

九時，列席立法院會議。

下午

三時，列席立法院會議，於答復質詢時，表示：

一、目前政府所採行之糧食政策，是正確的，今後將繼
　　續執行。「儲糧於民」為臨時權宜之計，根本解決
　　之道，乃在增建糧倉，預計三年之內將此一問題全
　　部解決。近幾年來，稻米生產雖告豐收，政府對糧
　　食之質量提高，仍不忽略。

二、工業結構正值調整時期，原料進口有增無減，不會
　　影響下半年之生產量。政府主動協助解決工商業困
　　難，提供融資已高達三千四百餘億元。

三、自主持行政院以來，始終以反共救國小兵自居，小
　　兵最重要的是守法，所以對立法委員的質詢，一點
　　也不敷衍，希望行政院能與立法院真心誠意地來解
　　決國家大事。

9月25日　星期六

上午

九時，主持國防會談，聽取總政戰部簡報。

下午

五時，至陽明山中山樓參加國際青年商會中華民國總會第二十四屆會員代表大會開幕典禮，並應邀致詞指出：青年時期是一個人創造事業前途的黃金時代，希望青商會友們把握時刻，積極開展工作，以血氣、熱誠和白手起家的精神，為國家擴展對外貿易，使全體國民享受更富有的生活。並強調金錢不是萬能，賺錢之外，還要服務社會。勉勵大家能夠經濟的、有計劃的用錢，這樣對個人、家庭、社會、國家，都會有很大的貢獻。

六時，在陽明山中山樓接見國際青年商會秘書長彭思岱。

六時十五分，接見國際青年商會中華民國總會選出之第十四屆十大傑出青年，對他們的成就表示讚佩，希望繼續努力，為國家作更多更大的貢獻。

9月26日　星期日

上午

八時四十五分，飛抵嘉義，巡視布袋塩廠製塩生產概況，訪問新建之塩工住宅，對塩民生活有顯著改善，深感滿意。

十時，抵達雲林縣，先後訪問北港牛市場、媽祖廟、箔子寮漁港、臺西五港村等處；在臺西五港村巧遇吳姓村

民結婚，曾送禮致賀並與新人合影。

下午
巡視麥寮鄉海豐養豬專業區、養蝦專業區及崙背乳牛專
業區。

9 月 27 日　星期一
上午
九時五十分，偕同交通部部長林金生、南投縣縣長劉裕
猷，訪問南投縣信義鄉地利村（推行山地人民生活改進
工作實驗示範村）山胞，見到家家環境整潔、生活樸
素，深表讚美。並提示：推行山地人民生活改善，應斟
酌村民本身實際狀況，以精神建設與物質建設並重。

下午
三時，至日月潭慈恩塔瞻仰王太夫人像。
隨後前往日月潭青年活動中心，向參加大專青年社團幹
部研習會男女學員講話及話家常。

9 月 28 日　星期二
清晨
由交通部部長林金生、參謀總長宋長志及南投縣縣長劉
裕猷等陪同，前往日月潭文武廟，向至聖先師孔子拈香
行禮；並至武聖殿向關公、岳飛像上香致敬，與附近民
眾話家常。

上午

十時，在臺中成功嶺主持六十六年度大專學生暑期集訓第二梯次結訓典禮，勗勉一萬二千多名集訓學生，體認文武合一教育的真義，實踐現代革命青年的責任，將學習態度、守紀觀念、樸實生活、團隊精神，擴及於學校、社會、家庭。

9 月 29 日　星期三

上午

八時三十分，接見荷蘭飛力浦公司指導監督委員會主席費利浦博士。

九時，主持中常會。

9 月 30 日　星期四

上午

八時三十分，接見沙烏地阿拉伯貨幣總署署長奎瑞布。

九時，主持行政院院會，提示：

我國經濟今後發展的方向，希望政府與民間密切合作，共同增強生產事業之競爭能力。全面改換經濟結構為一任重道遠的工作，各有關機關應多作研究，多作規劃，使我國能按預定的目標，由開發中國家進入開發國家之林。

十時三十分，接見不列顛船東互保協會理事斐利等五人。

十一時，接見美國歐文銀行總裁賴士。

10 月 1 日至 3 日　星期五至日
【無記載】

10 月 4 日　星期一
下午

六時，參加韓國國慶酒會。

10 月 5 日　星期二
下午

五時，接見美國奧克拉荷瑪州州長鮑倫。

五時三十分，接見美國大陸銀行董事長安德森。

10 月 6 日　星期三
上午

九時，主持中常會。

下午

三時，參加黨政關係談話會，表示：對實施都市平均地權條例修正草案之立法審議工作，務求考量周詳，不宜操之過急，以免發生偏頗。並且強調，立法、執法與守法是三件事，此三者要結為一體，才能使國家真正走上法治之途。特以此與黨籍立法委員互勉。

10 月 7 日　星期四
上午

八時三十分，接見美國愛阿華州州長雷羅博。

九時，主持行政院院會，期勉全體軍公教同仁，以「甘苦同之、安危與共」的精神，沉著、堅定、勇敢、穩健的態度和作法，踔厲奮發，精進不已，來迎接光輝的國慶，完成復國的使命。另並對我國未來的經建方向、回國僑胞的接待、高中以上學校助學貸款之檢討改進、治安機關偵辦刑案必須嚴守毋枉毋縱之原則以及改善塩民生活方案等之執行情形等，均分別詳予提示。

院會後，主持政治小組會議。

中午

飛抵金門前線訪問。

10 月 8 日　星期五

全日訪問金門前線營房、坑道、學校、機關、農村、商店、市場及離島前哨，讚揚前線日益進步壯大，並勉勵戰地軍民百尺竿頭，更進一步，以今天的加倍努力，迎接明日的勝利成功。

10 月 9 日　星期六

下午

四時四十五分，接見美國進出口銀行前總裁克恩斯。

五時，以茶會款待參加馬尼拉國際貨幣基金及世界銀行聯合年會後來華訪問之各國代表夫婦，對他們給予中華民國的支持，表示謝意。

五時三十分，接見巴拉圭外交部部長鈕蓋世。

六時起，先後接見美國眾議員魏爾遜及美國駐華大使安

克志。

10 月 10 日　星期日
上午

八時，主持六十五年傑出科技人才頒獎典禮，於頒獎牌給當選人郭河、廖一久、黃敦友、吳振鐸、莊商路、張新吉、李淵河、郭明松、李良、王進生、胡開仁、朱寶熙、呂學俊等十三人後，並期勉彼等繼續努力，為國家社會作更多更大貢獻。

八時三十分，接見美國參議員葛瑞佛。

九時，參加中樞六十五年國慶紀念典禮。

十時，參加全國各界慶祝六十五年國慶大會，並觀賞花車大遊行。

下午

二時，在淡水河畔，參觀國軍戰技表演。

六時十五分，偕同夫人參加外交部國慶酒會。

臺灣省政府主席謝東閔左手受傷，親往慰問。

10 月 11 日　星期一
上午

十時三十分，至陽明山中山樓參加款待回國僑胞茶會。

10 月 12 日　星期二
【無記載】

10月13日　星期三
上午

八時三十分，接見約旦駐華大使雅欣。

九時，主持中常會。

10月14日　星期四
上午

九時，主持行政院院會。

院會後，主持財經會談

政府發表中華民國六十四年統計總報告，其目的在綜合
陳示整個國家情勢，以供政府施政參考。

——總人口達一千六百一十五萬人。

——就業人口為五百五十六萬人，佔勞動力人口總數百
　　分之九七・九二，失業率為百分之二・〇八。

——農業生產總數較上年減少百分之二・〇。

——工業生產總數較上年增加百分之一一・九。

——輸出入總值共達四千二百七十九億元（折合美金
　　一百一十二億六千萬元）。

——輸出以輸往美國者居首位。

——輸入以自日本輸入者居首位。

——國民生產毛額達五千五百六十七億元，實質經濟成
　　長率達百分之二・四。

——國民所得達四千三百一十二億元，實質增加百分之
　　一・一。

——各級政府歲入計一千五百三十億元，歲出計一千

四百八十九億元，餘絀相抵後，全年歲計結餘四十一億元。

——貨幣供給額達一千零九十三億元。

——躉售物價，總指數下跌百分之五·〇七。

——都市消費者物價，總指數上漲百分之五·二三。

——全年來臺觀光旅客共八十五萬餘人。

——大專院校一百零一所，高中、高職三百七十所，國民中學五百九十六所，小學二千三百三十四所，補習及特殊學校三百二十四所，幼稚園七百五十九所。共有學生四百四十二萬餘人。

10 月 15 日　星期五
【無記載】

10 月 16 日　星期六
上午

八時，主持國防會談。

九時，接見駐美公使胡旭光。

10 月 17 日至 18 日　星期日至一
【無記載】

10 月 19 日　星期二
致電在日內瓦之丁肇中博士，祝賀其榮獲一九七六年諾貝爾物理獎。

10 月 20 日　星期三

上午

八時三十分，接見國際青年商會世界總主席倍爾孟特。

九時，主持中常會，在討論第十一次全國代表大會重要議題「加強三民主義思想教育訓練案」草案時，提示：本案為一重要文件，惟其中對於缺失部分，恐被共匪擷拾作為攻訐本黨資料，先宜慎重再加修正。又「第一流」字樣可免使用。

10 月 21 日　星期四

上午

九時，主持行政院院會。

10 月 22 日　星期五

上午

八時四十五分，由經濟部部長孫運璿陪同，巡視桃園縣蘆竹鄉中國石油公司北部煉油廠各項煉油設施，對該廠員工辛勤努力，使建廠工程於今年八月如期完成之工作績效，面致嘉勉。

10 月 23 日　星期六

上午

九時二十五分，飛抵花蓮，先後聽取北迴鐵路北埔工務所工程簡報及花蓮縣政府計劃興建中之產業道路報告。

十一時，巡視花蓮港擴建工程，並慰問工作人員。

中午

飛抵臺東。

下午

一時三十分,巡視臺東縣政府新建啟用之辦公大樓,聽取地方建設報告。

二時,巡視卑南鄉社區發展及居民生活情形,並步行至賓朗村街頭,與民眾握手交談。

10 月 24 日　星期日

上午

八時,巡視楠梓輔導會高雄農場,並至宿舍詢問榮民近況。

八時二十分,巡視楠梓高速公路施工情形,嘉勉工程人員。

九時四十分,巡視屏東縣高樹鄉第二期稻作收割及倉儲情形;並在該鄉圖書館前與地方士紳及民眾、兒童合影。

下午

五時〇五分,至高雄市政府垂詢市政建設,並由市長王玉雲陪同,步行至第十三號公園地下商場工地巡視,到仁愛河畔察看河水污染情形。

10月25日　星期一

上午

八時三十分，抵臺南市政府聽取地方建設簡報，並巡視臺南市安平工業區及安平新港等。

十時四十分，抵新營臺南縣政府聽取簡報，對二期稻作發生不稔症縣府對災農所採措施，詢問甚詳。隨後由臺南縣政府步行至縣立體育場，參觀慶祝光復節遊行盛況。

十一時四十五分，至嘉義縣陳故縣長嘉雄住宅，探視其家屬。

下午

一時十分，在臺中港務局與局長陳銘錚及全體工程人員共進午餐，並特別接見工程師邱垂珍，對其苦學成功，加以慰勉。

午餐後，由陳局長陪同，參觀即將開放之一至三號及五－八號碼頭、北堤、北防波堤、北防沙堤等工地，表示：「這都是全體工作人員發揮智慧、心血、責任感的結晶。」隨後參觀私人投資的倉儲裝卸公司之各項設備。

四時，蒞臺中市文化中心，參加臺灣光復節酒會，與中外嘉賓寒喧、互相舉杯祝賀，並勉勵臺灣省各界代表，同心協力，團結合作，早日完成「建設臺灣、光復大陸」的使命。

10 月 26 日　星期二
【無記載】

10 月 27 日　星期三
上午

九時，主持中常會，於討論「中國國民黨第十一屆中央委員選舉辦法草案」時，說明：

第十屆中央委員為九十九人，現因黨員人數增加，故第十一屆中央委員名額增定為一百三十人。

10 月 28 日　星期四
上午

八時三十分，接見美國海軍第七艦隊司令包德溫中將。

九時，主持行政院院會，提示：

一、啟達案是一面鏡子，也是一次沉痛的教訓，公務人員、工商人員及金融機構，均應以此為鑑，有所警惕和激勵，使我們的政府成為最廉能的政府，我們的社會成為最潔淨的社會。

二、今後僑胞歸國的人數必將年年增加，有關接待工作，宜有長期性之周詳計畫，希僑務委員會妥予規劃。

十時十五分，接見美國前巡迴大使甘乃迪。

中午

十二時，蒞臨基隆碼頭參觀美國海軍第七艦隊旗艦「奧克拉荷馬城」號，接受隆重軍禮歡迎，並參加該艦隊司

令包德溫中將之午宴。

下午

冒雨巡視八斗子漁港及安樂隧道等工程，並先後參觀訪問龍川煤礦、協和火力發電廠及仁壽之家。

晚

參加美國海軍第七艦隊司令包德溫中將酒會。

蔣夫人於今日發表「與鮑羅廷談話的回憶」專文，揭發共產黨赤化世界的伎倆及其欲圖征服世界野心之真象。

10月29日　星期五

上午

九時三十分，接見美國眾議員康瀾。

十時，接見法國議員訪問團。

10月30日　星期六

上午

八時，主持國防會談。

九時四十五分，參觀電子產品展覽會，詳詢產品外銷情形。隨後並至外貿協會永久性展覽場參觀。

十時，至僑胞接待服務處，慰問工作人員之辛勞。

下午

七時，參加美軍協防司令史奈德中將晚宴。

10 月 31 日　星期日

今為總統蔣公九十誕辰日,特撰「領袖　慈父　嚴師
——父親九十誕辰紀念文」一篇,以誌孝思,以勵
國人。

上午

九時三十分,率同家屬至國父紀念館參加總統蔣公九十
誕辰紀念大會,並以所撰紀念文分贈與會人員。

十一時,以總統蔣公家屬身分,參加信義路中正紀念堂
破土典禮(籌建指導委員會主任委員張羣主持典禮、嚴
總統破土)。

11月1日　星期一
【無記載】

11月2日　星期二
上午

十時三十分，接見合眾國際社執行副總裁斐奇樂等
二人。

11月3日　星期三
上午

九時，主持中常會，在討論第十次全國代表大會重要議
題「發揚三民主義思想教育功能案草案」時，提示：
歷年實施三民主義思想教育之成就與缺失，不列入案文
之內，係防備於公布後為匪利用；但在大會期間，仍應
提出徹底檢討，使能促進三民主義思想教育之改進與
革新。

下午

四時三十分，接見美國柯普萊新聞社總裁克魯拉克。
五時，以茶會款待亞洲學者會議代表。
六時，參加巴拿馬國慶酒會。

11月4日　星期四
上午

八時三十分，接見烏拉圭外交部部長白蘭柯、財經部部
長阿里斯孟地及國家銀行總裁孟德斯等七人，就當前世

界與兩國合作問題，共同交換意見。

九時，主持行政院院會，提示：

一、六十六年度總預算正在執行之中，大家仍須努力
　　開源節流，期以健全的公共財政，為我國的經濟發
　　展，提供有力支援。

二、政府以公地建造國民住宅，其建築物部分，宜以合
　　理之價格租售予中低收入之國民，建地則不能出售
　　轉讓，以杜流弊，希有關機關儘速修改法令，貫徹
　　此一原則。

致電美國前喬治亞州州長卡特及參議員孟岱爾，祝賀分
別當選美國第三十九任總統、副總統。

11月5日　星期五

中國國民黨中央委員會秘書長張寶樹，今天主持新聞界
座談會上，曾將蔣主席迭次對如何策劃第十一次全國代
表大會的主要指示，轉述於次：

──此一次的代表大會，是第一次代表大會以來，又一
次繼往開來的大會，也是總裁逝世不久之後，大陸正待
光復之前所開的一次大會，故不必從開會的形式上多所
考慮，而要從大的政治觀點亦即實質與精神方面，來開
好這次大會。

──本次大會，應以「冒險犯難、奮發圖強、反共必
　　勝、建國必成」四大精神與信念為目標。

──不要只注意會議進行中的討論，而要即時展開普遍
　　的、全民的參與建言活動，充分表現本黨民主開放

的精神和作風。

——此次代表大會的圓滿成功，便是國民革命成功的張
本，因此我們要團結一致，以新的作為，來號召大
陸同胞和我們一起奮鬥。

11月6日　星期六
上午

九時，主持國防會談，聽取空軍防砲司令部報告。

11月7日　星期日
上午

八時二十分，至宜蘭，巡視冬山鄉冬山河改善工程，聽
取冬山鄉公所簡報，慰問南興村割稻農民及蘇澳榮民醫
院榮民。

十時，聽取榮工處北迴鐵路施工處簡報，了解工程落後
原因，並巡視永春工地及永春隧道施工情形，嘉慰工程
人員之辛勞。

中午

驅車轉赴蘇澳港，先後巡視土石運送管制站、蘇澳港公
路隧道南洞口及新建成之十一號碼頭、南端外廓防波
堤，並為隧道命名為「蘭陽隧道」。

下午

巡視蘇澳港域及北方澳沉箱製作過程。

11 月 8 日　星期一
【無記載】

11 月 9 日　星期二
上午

九時，接見美國眾議員摩根率領之美國眾議院國際關係委員會議員訪問團九人，表示：

中華民國繼續作為美國忠實盟友之政策不變，並駁斥有關中華民國與大陸共匪接觸談判之流言。

11 月 10 日　星期三
上午

九時，主持中常會，除提議以嚴常務委員等二十人為第十一次全國代表大會主席團，經決議提第十一次全國代表大會預備會議外，並致詞：

今天所開常會，是第十屆中央常務委員最後一次會議，過去一年多以來，備蒙各位先生、各位委員督導、勉勵與支持，至為感謝！第十一次全國代表大會即將召開，相信必能本精誠團結、奮發圖強的精神，遵照總理遺教、總裁遺訓，擔負起國民革命的使命，圓滿完成反共復國的任務。

下午

四時，接見美國中央情報局助理副局長夏克萊。

四時三十分，接見哥斯達黎加前任第一副總統阿吉拉。

五時，接見美國眾議員訪問團。

五時三十分，接見美國議員助理訪問團。

11月11日　星期四

晨

祝賀總統府資政馬超俊先生九十一歲壽誕。

上午

七時五十分，至三軍軍官俱樂部第十一次全國代表大會報到處，辦理報到手續。

九時，主持行政院院會。

下午

五時十分，至臺北賓館參加歡迎出席第十一次全國代表大會代表餐會，與同志們交談、握手，詢問大家生活起居及民眾生活情形。

11月12日　星期五

上午

八時三十分，參加中樞紀念國父誕辰暨慶祝第十一屆中華文化復興節大會。

十時三十分，主持中國國民黨第十一次全國代表大會開會典禮，勗勉全黨同志，保持革命原則和目標，實踐總裁遺訓，完成歷史事業。

十一時三十分，主持預備會議，通過所提「大會主席團人選案」，計嚴家淦、谷正綱、倪文亞、黃少谷、張其昀、黃杰、袁守謙、謝東閔、高魁元、林來榮、林挺

生、陳錦濤、蔡英才、錢劍秋、林基源、陳慶發、鄭玉麗、阿不都拉、吳香蘭、吳罕台等二十人。隨即進行主席團會議。

下午

二時三十分，大會主席團至慈湖謁陵。

11 月 13 日　星期六

上午

九時，參加中國國民黨第十一次全國代表大會讀訓。

九時三十分，以從政同志身分，在第一次大會提出政治報告，指出：

此次全國代表大會是繼往開來、承先啟後的會議，此後三民主義國民革命，要靠全黨同志、海內外同胞，各出其心力、血汗、生命，來爭取黨的最後光榮勝利；吾人堅持革命立場，絕不與匪作任何接觸；光復大陸後立即廢除共匪一切暴政，實現對同胞與共幹的諾言。

大會中一致通過追認六十四年四月二十八日第十屆中央委員會臨時會議通過保留總裁一章及中央委員會設主席兩案之決議；並通過主席團提案，向因病在美調養之中央評議委員主席團主席蔣夫人致敬。

下午

二時三十分，出席第二次大會。

11月14日　星期日
上午

九時，參加讀訓。

九時三十分，以從政主管同志身分，向第三次大會提出書面行政工作報告，就七年來之政治建設、經濟建設、教育文化建設及社會建設，分作敘述。

11月15日　星期一
上午

九時，參加讀訓。

九時三十分，出席第四次大會。

下午

二時三十分，第五次大會通過：

一、全黨奉行總裁遺囑決議文。呼籲全民團結努力，貫徹遺囑所交付之四大歷史任務。

二、中國國民黨黨章修訂案——保留總裁一章，作永久紀念；設主席體制，綜攬全黨黨務，同時公布發生效力。

六時三十分，出席審查會。

11月16日　星期二
上午

九時，參加讀訓。

九時五十分，第六次大會一致推選院長為中國國民黨主席。

十時十分，主席團主席嚴家淦偕同全體主席暨中央評議
委員主席團主席，在陽明山中山樓向院長致送當選證
書，並於接受證書後表示：「今天經國以戒慎恐懼，沉
重負責的心情，來接受本黨最高權力機構──第十一次
全國代表大會的命令。這是革命的作戰命令，敬請主席
團各位先生代為向參加本次大會的諸位先進先生，對經
國的愛護和督導，表示真誠的謝意，對於諸位出列席同
志的鼓勵和督勉，表示深切的謝忱。在此黨國多難，世
局多變的時候，經國誓當追隨各位先進相與全黨同志，
為實行總理的三民主義，總裁的遺訓，冒險犯難，奮
發圖強，來完成本黨艱難的、神聖的、光榮的歷史使
命。」大會並通過「強化黨的建設案」。

下午
第七次大會通過「中國國民黨政綱案」。

11 月 17 日　星期三
上午
九時，參加讀訓。
九時三十分，出席第八次大會，通過所提中國國民黨第
十一屆中央評議委員名單及中央評議委員會議主席團主
席人選。並在會中表示：
依本黨黨章規定，在第十次全國代表大會經總裁聘任之
各位中央評議委員，繼續連任，希望各位先進，仍如總
裁健在時一樣，繼續給大家指導、鼓勵，並貢獻豐富反
共經驗，使黨的力量更日益壯大。大會並通過「加強三

民主義思想教育功能案」。

下午

二時三十分，出席第九次大會，選出第十一屆中央委員
一百三十人，候補中央委員六十五人。

中央委員名單

嚴家淦	谷正綱	張寶樹	李　煥	謝東閔
黃少谷	趙聚鈺	秦孝儀	張其昀	黃　杰
倪文亞	袁守謙	高魁元	宋長志	王　昇
沈之岳	孫運璿	李國鼎	黎玉璽	蔣彥士
楚崧秋	賴名湯	沈昌煥	羅友倫	馬紀壯
王惕吾	馬樹禮	俞國華	彭孟緝	宋時選
鄧傳楷	徐晴嵐	鄭彥棻	余紀忠	劉玉章
閻振興	潘振球	鄭為元	周宏濤	曹聖芬
周書楷	楊西崑	梁永章	易勁秋	胡　璉
陳裕清	林金生	郭　驥	馬安瀾	陳建中
林挺生	費　驊	瞿韶華	林洋港	錢劍秋
徐慶鐘	唐　縱	辜振甫	徐　鼎	劉季洪
薛人仰	汪道淵	張繼正	吳俊才	張宗良
王任遠	鄒　堅	錢　復	郭　澄	王唯農
黎世芬	張豐緒	司徒福	徐　亨	蔡鴻文
毛松年	趙自齊	邱創煥	羅雲平	賴順生
葉霞翟	沈劍虹	李鍾桂	王多年	王亞權
上官業佑	胡木蘭	周菊村	張希文	唐君鉑
唐振楚	李元簇	許素玉	阿不都拉	陳履安

何宜武　李登輝　楊寶琳　陳水逢　　胡健中
柯叔寶　谷鳳翔　呂錦花　嚴孝章　　夏功權
鄭玉麗　倪　超　丁懋時　王玉雲　　王　民
黃鏡峯　施啟揚　張訓舜　吳伯雄　　倪文洞
張建邦　梁子衡　李白虹　羅　衡　　劉先雲
陸寒波　張希哲　孫治平　梁尚勇　　蔡　�頲
柯文福　陳守山　蔣廉儒　趙筱梅　　連　戰

候補中央委員名單

洪壽南　侯彩鳳　　王章清　曾廣順
楊家麟　陳時英　　黃尊秋　李長貴
李連墀　韓忠謨　　魏　鏞　李哲明
羅才榮　胡新南　　汪敬煦　盧光舜
許水德　李　荷　　崔垂言　札奇斯欽
王先登　魏綸洲　　劉介宙　王澍霖
李存敬　方賢齊　　趙守博　郭婉容
唐樹祥　達穆林旺楚克　林淵源　耿修業
俞　諧　孫義宣　　吳香蘭　陸京士
梁肅戎　胡美璜　　邵恩新　陳桂華
陳鳴錚　陳正雄　　郭啟明　蕭繼宗
周旋冠　李鳳鳴　　李本京　傅　雲
趙耀東　清巴圖　　陳端堂　莊懷義
楊宗培　劉裕猷　　路國華　曾恩波
林保仁　孫　震　　許文政　董世芳
朱澤熹　陳孟鈴　　林恆生　陳惠夫
楊振忠

11月18日　星期四

上午

九時三十分，主持第十次大會，修正通過「反共復國行動綱領案」。並宣布聘任之中央委員會黨務顧問名單，同時勉勵貢獻智慧，提供建議，以促成黨的更大團結、更大進步。

下午

二時三十分，出席第十一次大會，通過「大會宣言」。

四時三十分，主持閉會典禮，勉勵全黨同志，講真話，做實事，腳踏實地，埋頭苦幹，淬勵奮發，大家要正心、誠意、為黨、為國、為民眾犧牲奮鬥，奉獻一切，以創造國家民族永恆的、光輝的生命。

六時，以晚餐款待第十一次全國代表大會出、列席同志。

11月19日　星期五

上午

十時，主持第十一屆一中全會，致詞期勉全黨同志保持永恆的革命情操，袪除求名求利的觀念，沉著堅定，建立反共復國強固的心理長城，對付敵人的一切挑戰。對十一全大會各項提案，望努力實踐，立即行動，徹底根絕過去將決議束諸高閣的毛病。

全會並通過：

一、主席所提二十二位中央常務委員及秘書長、副秘書長人選（秘書長張寶樹、副秘書長陳奇祿、徐晴

嵐、蕭繼宗）。

二、十一全大會決議案整理委員會的報告、中央委員會
　　全體會議議事規則、中央委員會組織條例修正案及
　　中央評議委員會議規程修正案。

下午

二時三十分，參加第十一屆中央評議委員第一次會議。

中央常務委員名單

嚴家淦　谷正綱　謝東閔　黃少谷　張其昀

黃　杰　倪文亞　袁守謙　高魁元　宋長志

孫運璿　李國鼎　蔣彥士　沈昌煥　鄭彥棻

林金生　郭　驥　林挺生　費　驊　徐慶鐘

郭　澄　蔡鴻文

11 月 20 日　星期六

上午

九時，主持行政院院會，提示：

執政黨十一全大會通過的重要議案，大部分均需由本院
從政同志負責執行，希大家發揮主動精神，迅速籌劃辦
理。總統蔣公曾訓示我們要糾正文書政治的風氣，本院
所屬各級行政人員，對此尤應透徹反省、痛切改正，認
清我們的目的是「做事」，不是「辦公」，並且要注意
時效，對以往有無積存應辦未辦重要案件，希清查之後
迅予處理。行政院工作的成敗，就是黨的成敗，也就是
國家的成敗，深望大家均能明白體會，互策互勉。

下午

二時，至中船公司高雄造船廠聽取簡報，並至大船塢邊
巡視建造中（已完成 41%）之四十四萬五千噸大油輪
及另一艘新近開始承建之油輪。繼至中鋼公司聽取簡
報，參觀煉鋼爐，攀登至六層樓高之工作處巡視高爐內
部工程、對爐煉鋼廠、軋鋼廠及條鋼工場等，並慰問工
作人員之辛勞。

11 月 21 日　星期日

上午

十時，參觀大岡山超峯寺。

十時三十分，巡視南部國軍訓練基地，垂詢官兵生活
及接受訓練情形。隨後巡視高速公路岡山交流道施工
情形。

中午

十二時三十分，在美濃鎮新東海飯店午餐，並與民眾
合影。

下午

一時，巡視六龜鄉臺灣省林業試驗所分所，並為培植中
之馬拉加西巨竹命名為「荖濃巨竹」。

三時，至六龜山地育幼院，探視一百二十餘名山地
孤兒。

11 月 22 日　星期一

上午

八時五十分，抵中正國防幹部預備學校，聽取該校校長及三軍官校校長有關各該校教育近況報告，並巡視校區，指示該校應注重民族精神倫理教育，選擇優良師資，培養學生優良學能、健全人格和堅定不移的革命意志；並勉勵學生們多用功，充實自己的學識，鍛練強健的體魄。

十一時四十分，抵中興新村與臺灣省政府主席謝東閔晤談省政建設情形。

中午

與臺灣省政府各單位首長共進午餐。

11 月 23 日　星期二

上午

八時三十分，接見陳之邁、戴安國等。

下午

四時，接見連戰等。

11 月 24 日　星期三

上午

八時三十分，接見沙烏地阿拉伯電力組織總裁泰巴。

九時，主持中常會，通過中央委員會各處會主管同志任免案（秘書處主任陳水逢、組織工作會主任李煥、大陸

工作會主任毛敬希、海外工作會主任林清江、文化工作
會主任丁懋時、社會工作會主任邱創煥、青年工作會主
任連戰、婦女工作會主任錢劍秋、財務委員會主任委
員俞國華、黨史委員會主任委員秦孝儀、考核紀律委
員會主任委員梁永章、政策委員會秘書長趙自齊），
並致詞：

這次人事調動，主要是因為很多同志任職很久，趁此機
會，使其另易崗位，發展所長；另有若干新的同志調來
工作，亦希望他們能堅守崗位，努力發展，以求黨務的
革新和進步。

11月25日　星期四

上午

九時，主持行政院院會，提示：

一、今後有關出口商品之檢驗工作，務期加強執行，以
　　維護我在國際上之商譽與國譽。

二、六年經建計畫之主要目標，是全面推行農業機械化
　　和發展高級及精密工業，希望大家重視專技及職業
　　訓練與應用技術之研究發展，並分別成立小組，以
　　加速培育技術人力，提高技術水準，才能厚植經濟
　　發展潛力，強化經濟建設之基礎。

院會後，接見孫運璿、費驊、李登輝、徐賢修等。

11月26日　星期五

【無記載】

11 月 27 日　星期六
上午

九時，至總統府晉見嚴總統。

十時三十分，參加中國工程師學會年會揭幕典禮，勉勵全國工程師發揚特有建設精神，繼續培育人才，注重研究發展。在談及石油漲價問題時，表示：

政府已有準備，一定會協助工商界解決困難，深信我能承受衝擊，突破難關，來達到我們建設的成功。

11 月 28 日　星期日
上午

八時二十分，至大園鄉竹圍村桃園國際機場工程處聽取簡報，並先後巡視機場第一跑道及航站大廈工程，攀登大廈鷹架眺望機場全景；同時慰問施工人員，勉勵竭盡心力，兼籌並顧，把工程做到盡善盡美。

11 月 29 日　星期一
下午

五時，接見優秀青年工程師，工程獎章得獎人及工程論文得獎作者等八人。

11 月 30 日　星期二
【無記載】

12月1日　星期三

以「領袖　慈父　嚴師」一冊，親題贈賀胡璉上將七十
壽誕。

上午

九時，主持中常會，提示：

第十一次全國代表大會秘書處工作同志，在大會期間倍
極辛勞，服務亦至為週到，請張秘書長對各同志轉致慰
勉之意。

常會後，接見蔡培火。

中午

十二時，約中央評議委員會議主席團共進午餐。

下午

四時，接見魏鏞、李崇道等。

12月2日　星期四

上午

九時，主持行政院院會，提示：

一、經濟部應速依上次院會決定，制訂辦法，嚴格防範
　　不法廠商有損商譽之行為發生；尤應督促所有出口
　　廠商，切實做到「品質合格」與「準時交貨」之最
　　低要求，違反規定者，必須嚴重處分。

二、旅行社應加整頓，人民出國探親不可流於浮濫。

院會後，召集財經小組會談，對當前國內外經濟情勢

（包括石油醞釀漲價的情勢），廣泛交換意見。

下午

三時，主持中央黨部工作會議，指示今後努力重點，不
是在形式上有何改變，而是要在精神上、觀念上建立正
確的方向。並對如何才能做好黨的工作，分就組織、訓
練、心戰及青年工作、大陸工作、海外工作和黨的行政
等，分作提示。

12 月 3 日　星期五

上午

八時十分，接待來院巡察之監察委員並主持會談，對所
提各項巡察意見，表示重視與採納。

九時，參加中央監察部門黨政談話會，並在會中表示：
國家經濟建設，是全面性的，也是長期性的，政府一定
盡全力協助工商界解決困難；但是不能以刺激的方式，
求得急功近利。希望工商業今後一定要走上企業化經營
途徑，脫胎換骨，不要單方面依賴政府給予融資貸款。

12 月 4 日　星期六

上午

九時，參加中華農學會及各項農業專門學會聯合年會，
勉勵農業界人士，應不斷吸收新觀念、新知識、新技
術，指導農民從事農業增產，促使臺灣農業更加進步與
繁榮。

九時四十分，在臺大農業陳列館，參觀未來臺灣農業綜

合發展展覽。

十時四十分，訪問國立臺灣工業技術學院，並聽取
簡報。

12月5日　星期日

上午

九時三十分，抵中興新村，與臺灣省政府主席歡談，並
對秘書長瞿韶華工作辛勞，面予慰勉。

十時十分，訪晤南投縣縣長劉裕猷，詢問本期稻作收成
情況，並參觀竹山鎮富州社區社區建設。

中午

訪問竹山德山寺及延平工業區。

下午

訪問山地信義鄉地利村派出所、國小、衛生所、活動中
心及村辦公處，並與民眾合影。

12月6日　星期一

晨

巡視埔里鎮公所，瞭解基層行政建設實況。

上午

八時二十五分，至埔里基督教醫院，慰問貧困病患及殘
障兒童；並轉至愛蘭巡視駐軍部隊。

九時二十分，訪問國姓鄉大眾食堂店主張讚盛，並向大

群村民揮手致意。

十一時，接見周菊村、張豐緒、陳桂華、鄭為元、裴超等。

12月7日　星期二

【無記載】

12月8日　星期三

上午

九時，主持中常會，於聽取國防部中山科學研究院院長唐君鉑同志所作工作報告後，提示：

各位委員所提民間工業同樣需要研究發展，極為正確，國家科學委員會在新竹所設工業園地，即為推動民間工業技術研究發展用。至於中山科學研究院之規模，各位在本星期五前往參觀時，當可見及；尤其難能可貴的，是該院已羅致和培養的人才，達五百多位，可稱為國家的資產。今後希望國防科技研究和民間工業研究，能互相配合，齊頭發展。

12月9日　星期四

上午

八時三十分，接見韓國國土統一院社會文化局局長朴俊弘等三人。

九時，主持行政院院會，要求全體行政與治安人員保障人權、加強法治，對有關國民權利的措施，應深入查考、正確判斷，公平處理，不枉直、不漏惡，使公正廉

明的作風，能有更進一步促進法治的成就。此外並就
六十七年度中央政府總預算案之審核、對金融事業機構
之考核、臺電公司請准調整電價等，分別有所提示。

院會後，接見海軍陸戰隊司令黃光洛。

十時三十分，接見外交部部長沈昌煥、國防部部長高
魁元。

12月10日　星期五
【無記載】

12月11日　星期六
上午

八時，接見沈宗瀚等。

九時，主持國防會談，聽取聯訓部工作報告。

中午

十二時，約美國駐華大使安克志共進午餐。

12月12日　星期日
上午

十時，至嘉義縣竹崎鄉忠恕村訪晤薛岳將軍。

十時十五分，巡視竹崎鄉公所，向鄉長黃樹林，垂詢有
關山區水稻、水果等產收情形，並指示應全力為服務民
眾和繁榮地方而努力。

十時四十分，至竹崎鄉漁橋村嘉義陳故縣長嘉雄墓園弔
祭，並至附近農家訪問。

中午

飛抵澎湖，先後至西嶼鄉、西礮臺古堡、內安村等地慰
問漁民及巡視軍事單位。

12 月 13 日至 14 日　星期一至二
【無記載】

12 月 15 日　星期三
上午

九時，主持中常會。

中午

十二時，參加革命實踐研究院聚餐。

12 月 16 日　星期四
上午

八時三十分，接見巴拉圭駐華大使阿爾瓦林格。

九時，主持行政院院會，提示：

國民中、小學之課桌椅陳舊破爛、尺寸不合，衛生設備
不足，亟須改進，希教育部會同地方速即研辦，並期於
三年內完成之。

十時，接見金門防衛部司令官夏超。

十時三十分，接見出席亞盟各國代表。

12 月 17 日至 21 日　星期五至二
【無記載】

12月22日　星期三

上午

九時，主持中常會，於討論中華民國六十六年度所得稅稅率條例草案時，提示：

本案協調進行中，行政院已將納稅義務人個人免稅額及扶養親屬寬減額，各提高一千元，故本案協調結果，可准予備案。希政策委員會協調立法委員同志，於本年年底完成立法程序。

下午

三時，聽取中央、省市政府及國防部預算收支簡報，並指示臺北市政府審慎編製預算，務必把握市政重點，將財源作最有效運用，以促進都市發展。

12月23日　星期四

上午

八時三十分，接見維也納中國文化研究所會長溫克勒。

九時，主持行政院院會，並聽取國營事業改進簡報，提示：

一、國營事業之單位，不宜再增加，應就現有者，加以改進。

二、人員精簡應繼續檢討，期全面提高各事業的人力素質。

三、生產成本宜儘力設法降低。

四、財務結構必須逐步改進，使其健全合理。

五、臺中港應充分利用，以產生預期之經濟效益。

六、財政部說明對超過一定金額之聘金及粧奩，須課徵
　　贈與稅事，宜再研究。
十一時，接見韓國國會議員訪問團金裕琸等十二人。

下午
三時，繼續聽取中央、省市政府及國防部預算收支
簡報。

12 月 24 日　星期五
【無記載】

12 月 25 日　星期六
上午
九時，參加行憲紀念暨國民大會年會開會典禮，並於年
會預備會議中致詞。

下午
三時四十分，抵恆春鎮後壁湖漁港，訪問漁民，並乘新
勝益號漁船遊覽該港一週。隨後，巡視貓鼻頭風景區，
並向隨行之恆春鎮龔鎮長詢問稻作及洋蔥生產情形，囑
在收購建設用地時，勿使民眾吃虧。

國民大會年會預備會議致詞
主席、各位代表先生：
　　我國制定憲法，到今天正為三十周年，貴會依據憲
法代表全民行使政權，也已是整整二十九年。今天舉行

集會，紀念制憲、行憲，實在具有重大的意義。

這三十年以來，我們國家又不斷遭逢重大的艱難橫逆，但是我們一直不屈不撓，堅持為護憲救國而英勇奮鬥。雖然大陸尚未光復，憲法至今還未能實施於全國，但這些年來，我們貫徹總統蔣公所提示民族主義的重振、民權主義的實現、民生主義的初步成功的努力，使憲政光輝徹照我們臺澎金馬復興基地；而憲法之治所獲致的豐碩成果，已為我們復興基地軍民同胞帶來民主自由安定繁榮的生活福祉，並且為海外同胞所同聲讚揚，而其影響所及，更是深中大陸同胞的人心。

由於憲政的實際體驗，使我們深深領悟：推行憲政的時間愈久，愈就可以證明，只有依據三民主義政治理想宏規的民主憲政，才是解決中國問題，促使國家富強、導致民族復興的良法善制；也愈就可以反證捧著馬列主義符咒、恣意奴役人民的匪偽暴政，終必要為尊重人性、保障人權、宏揚人道的三民主義仁政所擊敗、所消滅！這也就更可佐證總統蔣公一生的革命奮鬥，實「無一而不是為剷除妨礙我民族生存、民主憲政、國民生計的內憂外侮，而效命致力」。而我們大家所一致奮鬥的，更就是出其全力以貫徹制憲、行憲護憲的精神和行動。「今天我們還要在自立自強的基礎上，使三民主義與民主憲政在復興基地開花結果，更進一步在光復大陸之後，將這一部熠熠煌煌的憲法帶回大陸，使憲政的光輝弘揚於全國！」

各位代表先生：

我們國家有著立國的一貫理想和基本原則，而今天

我們更有著民主憲政的重大成就和堅實基礎。因此,我們對於國家前途實在充滿著無比的堅定的信心,而亦因為有此憑藉,所以這些年來,任憑國際間風風雨雨,我們始終都能不憂不懼,不慌不亂,穩住自己的腳步,開拓自己的出路,而從不改變我們光復大陸不成不止的基本立場和態度。

我們在國際間,更是要始終堅守民主陣容,並且盡我們為國際成員一分子的力量,為世界正義和平,一齊奮鬥,一齊行動。

由此我們要再為說明的,就是在自由世界,我們中華民國一直是美國誠摯純潔的友人;中美共同防禦條約,更是戰後美國與自由國家所簽多邊或雙邊條約之中,最能經得起時間考驗的條約;這一盟約的存廢,非僅關係到中美兩國的切身利益,更且影響到亞洲乃至整個自由世界的安危。當然美國不會不顧自身及盟國共同利益,而去幫助一個始終以美國「為假想敵」的敵人,而毀棄一個禍福與共、利害相同的真正朋友!

在此我們敬佩美國福特總統尊重中華民國和美國長久友誼的精神,同時對於美國總統當選人卡特先生重視外交政策上的道德因素及盟誼關係的鮮明立場,尤其表示崇敬。

因此我們深信美國在跨入建國第三世紀的今天,必能更加堅守道義,崇尚自由,繼續領導自由國家,為建立世界真正和平而致力。

各位代表先生:

這一年以來的國際局勢,雖然仍是危疑滿佈,未見

穩定，但從整個世界大局來觀察，近一年來，民主國家
振衰起敝，和共黨集團的鬥爭益烈，可以看作是世局有
著逐漸趨向轉變的徵候。

最近國際間有許多人士析論世局，認為當前情勢，
一面是自由世界對「和解」的幻覺已逐漸清醒，對共黨
笑裡藏刀的邪惡本質逐漸有所認識，因而，在政治上固
較以前重視道德價值觀念，在經濟上也都能安危與共，
保持合作；另一方面，共黨集團不論是蘇俄、共匪或東
歐共黨政權，卻都正為嚴重的內在危機而陷入嚴重的困
難局面。

這一情勢，正就印證了我們始終抱持的一項基本看
法，那就是：姑息的浪潮，自有卻步回頭之一日，而自
由世界與共黨集團，民主對極權、自由對奴役、人性對
獸性的鬥爭，在經歷一陣低潮迷霧的迴盪之後，也更有
撥雲見日、激濁揚清的一天！不過現在還有若干人士對
於共匪存有一些幻想，甚至認為共匪政權的存在是一個
事實，當然也有人認為這些幻想本身就是一種錯覺，因
為對於一個狼子野心的「非中國人」的暴政寄予一種幻
想，是非常危險的事。至於匪偽政權現在存在的事實是
什麼呢？那就是

——周恩來、朱德、毛澤東相繼死亡之後，內部奪權鬥
　　爭的事實；
——「四人幫反革命修正主義路線」被打鬥之後，又一
　　次造成共黨頭目和幹部不易「過關」，人人自危轉
　　相鬥爭的事實；
——新老幹部的鬥爭、共軍與民兵的鬥爭擴大加深的事

實，特別是「抓人太多放人難」、「部隊好久拉不出去」、要「重振造反威風」，以致它不得不吶喊「矛頭要對上、不要對下」「擴大教育面、縮小打擊面」的危機重重的事實；

——它既恐懼著「如不能在政治戰線、思想戰線永遠戰勝資本主義，則五十餘年創業毀在一朝，切記江山代代出逆子，要提高警惕」，又恐懼著「蘇修存在一天，世界革命就一天不能完成」，所以對內擔心到處有「資本主義的衣缽傳人」，到處有「不肯改悔的正在走的走資派」，到處是「有組織、有計畫、有預謀的一伙」，在「分裂黨、分裂工人隊伍，挑起武鬥」的事實，到處是「對社會主義制度有著刻骨仇恨」「血債要用血來還」的事實；而對外更是加強「反修必反蘇」、「制止中國新興資產階級分子在黨內尋找其代理人」的鬥爭的事實；加強反資、反帝兩條路線的鬥爭的事實；加強對外滲透、分化、顛覆的事實。

這一切的事實，應該足以使世人瞭然於所謂共匪存在是一個事實的本身，更就是一種迷失的說法、閃爍的說法。但是我們不得不促請世人正視另一個事實，那就是共匪深深了解：中華民國的堅強存在是威脅它對內統治、對外擴張的最大阻力，所以它一心一意使出造謠、中傷、挑撥離間等等卑劣手段，企圖分化中華民國與自由世界的關係，混淆世人視聽，轉移世人耳目。

共匪這種慣技，是人所共知的，也是明顯的，特別是共匪內部日深一日的危機，無論是短期間可以喘息，

抑或是不得不鋌而走險，它最後的必敗必亡之勢，乃明
眼人一望而知的事實，實在說對它寄予幻想，不但是緣
木求魚，而且後必有災。而認為它的存在是一個事實，
那更是真正危險的事實！

　　這一年以來，我們埋頭苦幹，又將國家建設向前推
進了一步。

　　本來「建設之首要在民生」，我們在復興基地，就
一直以民生建設和復國行動，作為我們奮鬥的兩大目標
和途徑。大體來說，民生建設包括經濟安定、經濟發展
兩方面，我們一向是從這兩方面同時進行。換句話說，
我們希望由經濟的安定，使國民的生活安足，貧富的差
距減小，平均的生活水準提高；同時加強經濟的發展，
我們要由開發中國家，朝著開發國家的目標邁進，一以
厚植經濟再發展的潛力，一以培養反攻復國的戰力。

　　為了配合十項建設的人力物力資源，以及其他各個
部門所需的投資和發展，在第六個四年經建計劃的第四
年，也就是本年度，開始執行新的六年經建計劃，希望
在完成後，平均每人所得，自六十四年的七百美元，升
高到七十年的一千四百美元，而且達到的目標，是要
——大家都有整潔生活設備的房屋可住，
——大家都有優於目前水準的衣著可穿，
——大家都有更方便的大眾化交通工具可用，
——大家都有接受更高教育程度的權利可享，
——大家都有就業的機會可得，
——大家都有良好的營養可獲。

　　但是經國要特為指出，雖然我們的理想是使資源歸

大眾所得，建設歸大眾所享，即是要在國民於足衣足食之外，更能享有「均富安和樂利」的生活境界。只是在當前的情形來看，我們經濟發展還在一個新的轉捩點——經濟學者所意指的「到了成長引擎的換檔階段」，在這個換檔階段，我們發現不但前此國際經濟危機所帶來的窒礙，有待我們全力排除，扭轉形勢，同時無可否認，內部的困難也正在顯著的增加，我們更必須以全力來應付、來解決、來改進，尤其內外結構的轉變，公共設施相對落後，資源的再分配，資本的再形成……等問題，使我們不能一味重視無限擴張經濟的成長，而必須要求福祉與生產平衡，而且經濟成長也不能單看量的擴張，更重要的，是要講求經濟整體的質的改善與提高，要為整體的、全面的、長遠的利益打好基礎。

到上年度，我們國民生產毛額，已達新台幣五千四百七十二億元，國民所得達四千二百七十四億元，平均個人所得二萬六千八百四十元（約合美金七百零六元），國民消費達四千零八十億元，國內資本形成毛額一千五百八十億元，這還是有著國際經濟危機的影響，以致有所抵銷和減低。

再就說到我們民生主義經濟政策的一個中心目標——均富問題。

有人認為，這些年來，政府全力推動經濟建設，雖然促成了農工商業的繁榮發展，但也造成了不少擁有巨資的人，因而不免懷疑，政府所施行的均富政策，到底是先富後均，還是先均後富？

對於這一問題，我們認為必須要作較深一層的

分析：

國父曾解釋「民生」的意義，是「人民的生活，社會的生存，國民的生計，群眾的生命」。只見民生主義的經濟政策，不是重視某一個人、某一個集團、某一階層的經濟利益，而是要從謀取全民利益著眼，使所有國民的食、衣、住、行、育、樂六大需要，都能得到周全的照顧和合理的分配。

誰也明白，在一個發展中的國家，在其發展過程中，總會遭遇到各種環境因素造成的困難，而內部亦有其本質和結構上的困難，必須先節制其高度的生活水準，求其均足，而非錦上添花，於是才能合理分配資源，有效高度儲蓄。而在今天這一時刻，我們特別重視分配的平均、貧富差距的縮短。從理論上講，求其富，是資本主義的傾向，求其均，有社會主義的色彩，我們都持之慎重。

這一重要環節，可以說是我們以民生為本位的經濟政策的根本所在，也是我們經濟制度與共匪暴政的最大不同之點；共匪是要「均貧」，弄得大家「一窮二白」；我們是要「均富」，是要大家享有既富且均的生活！

當前政府策進國家建設，就是把握富中求均、均中求富這一環節：我們一面謀求經濟發展的快速成長，一面運用各種平易、合理的經濟手段，以求國家資源的有效運用，個人智能的充分發揮，國民生活的普遍改善。唯其如此，我們均富安和的經濟政策，特別著重在照顧較低收入的社會大眾，就如政府積極致力的加速農村建設、增進勞工福利、興建國民住宅、提高所得稅寬減

額⋯⋯，即無一不著眼於此。

今年開春以來，全球經濟即逐漸呈現復甦景象，國內經濟，不論是農工生產，也都在大步擴增，有人認為，政府推動經濟建設，正應趁此時機，大刀闊斧放開手來做，而無需那樣小心翼翼的再講「穩紮穩打」。

對於這一問題，我們曾經反覆衡慮，慎重研判，深深覺得，當前世界經濟情勢雖已好轉，但整個情況並不穩定，許多先進國家通貨膨脹、吐納不振的情勢仍待改善，雖說我們海島型的經濟，有賴於擴張貿易以求壯大發展，但是面對這一搖擺不定的經濟局面，特別是我們正當由紅燈轉向綠燈的黃燈時刻，一切必須穩住腳跟，看清情勢，實在不容我們急功好利，盲目衝進，而無視一切可能發生的不良後果。所以儘管政府是在不斷運用政策措施，協助工商界融資和廠商拓展外銷，解決各種困難，但是對於可能牽動整個經濟穩定的種種問題，如匯率、物價⋯⋯等等問題，不能不審慎考慮，照顧全面。

再說目前我們國內經濟，既正處於一個經濟型態的轉換期——由以農業為主的經濟結構，轉換而為以工業為主的經濟結構；由以輕工業為主的生產型態，轉換而為以重化工業為主的生產型態；由以勞力密集的生產方式，轉換為資本密集進而轉換為技術密集的生產方式——這一轉換期可能需要幾年時間才能完成，因而，今後幾年，對我們國內經濟將是非常重要的關鍵性時刻，凡事必須深入研究，謀定後動。

基於這許多考慮，新的六年經建計畫，基本精神仍

是要以穩紮穩打的作法，「在穩定中求發展」，「在發展中求穩定」。

我們所說的穩紮穩打，不是因循保守，停滯不前，而是一切都要有深入的研究，正確的判斷，周詳的策劃，縝密的督行，而不能頭痛醫頭，腳痛醫腳。

由於這一作法，在三年之前，才使我們國家安然渡過一次經濟難關，我們確信，今後只要我們確切把握這一原則，必然可以導使我們國家，衝破驚濤駭浪，順利成為現代化的高度開發國家。

其次談到正在計畫全面實施的平均地權問題。

實施平均地權與貫徹「耕者有其田」政策，是政府推行土地改革的兩項要政，目的都在合理分配土地資源，以求達到「地盡其利」、「地利共享」與「均富安和」來造福全民的目標。而平均地權施行漲價歸公之收入，立法的目的，尤其在於「以供育幼、養老、救災、濟貧、衛生等公共福利事業，興建國民住宅、市區道路、上下水道等公共設施及國民教育之用」。

民國三十八年我們在臺灣地區首先實施「三七五減租」，跟著在四十三年實施「耕者有其田」政策，這二十多年以來，我們在土地改革方面所獲得的成就，不僅受到舉世一致重視，更且由於耕地為農民所有，使得農作物產量和農民收益，隨之大幅增加。

根據統計資料顯示：我們農產品中的主要作物稻穀的產量，已由民國三十七年的每公頃三、八九四公斤，提高到六十四年的八、一一七公斤，增加了一倍以上；農民的收益，扣除賦穀以外，也由當年的一、九四七公

斤，增加到七、七一六公斤，提高了將近四倍！

這一成果，顯示出我們依據國父遺教所推動的「耕者有其田」政策，是百分之百的成功，百分之百的正確！

至於市地的改革，政府從民國四十五年開始局部實施都市平均地權，雖然只是先後擇定五十四個地區辦理規定地價，但是，初步成效也已證明，這項工作確是一項福國利民的措施，鼓舞了我們更進一步推行全面實施的決心和信心。

經過最後的研究擬訂，目前「平均地權條例」正在立法院進行審議，在完成立法程序之後，即可開始實施，順利達成我們進行土地改革，促進土地利用，防止投機壟斷、縮短貧富差距、增進全民福利的多重任務。我們預期這一措施，必能澄清部分人士的疑慮，也必定能得到全面的支持。

總之，民生經濟問題，經緯萬端，而總在以溥利民生、求公求均的精神，以平和持正，穩紮穩打的作法，以適應國情，合乎需要的經濟手段，來達成我們富國裕民的目標。

長久以來，國軍在總統蔣公的領導之下，整軍建軍，再次建立了新的規模，大自建軍思想、戰略方針、教育體系、指參組織、後勤作業，以至戰術磨練、武器製造、士氣激揚、軍紀整飭，都有新的氣象、精神和力量。尤其近年來國軍特別注重美援停止後自給自足的軍需工業之增強、新武器的自力製造、部隊機動打擊力的精訓、因應匪軍變化及大陸動亂而創機制變的對策研

究、對退除役官兵的輔導照顧之加強，都一一在開展進步之中。

今天國軍官兵更是在現階段「求生存、求鞏固、求發展、求勝利」的戰略目標之下，不斷培養作戰的潛力，加強國防科技的研究和三軍聯合作戰，發揚獨立作戰以少勝多的革命精神，準備隨時隨地，「打第一仗，立第一功。」

至於文化建設可說是廣義的心理建設、社會建設，而其具體的作為，又以教育事業為根本。我們一向重視民族本位的文化教育，來貫徹民族文化的復興，而且以社會教育、社會秩序、社會服務的基本要求，來貫徹社會福利、社會合作與社會安全的目標；具體的實踐「在方式上要學校教育、社會教育同時並進；在內容上，要思想教育、生活教育、倫理教育、職業教育同時並進；在時間上，要短期訓練與基本教育同時並進」。

政府近年來，即集中心力，積極發揚民族精神教育，改進教育制度及行政，充實教育設施及場所，全面配合國家建設。我們認為，教育制度的改進，有助於教育事業的發展；人力資源的計劃培養，有助於國家建設中程及遠程的需要；職業教育、補習教育、特殊教育的擴大推行，有助於社會教育的普及和社會就業、社會安定；而人文、自然及應用科學的加強研究並促進國際文教合作，有助於學術水準的提高；三民主義教育、愛國教育、民族精神教育的發展，有助於民族本位的文化教育的加強。

綜合來說，我們的文化建設、心理建設和社會建

設，乃是根據倫理、民主、科學的精神，相互貫注，注意整體，釐訂政策，付諸實施。諸如全面實施平均地權，擴大推行耕者有其田；擴展社會保險，改善漁民、鹽民、礦工生活，促進國民充分就業，擴大職業訓練，增進社會福利，加強社會救助；廣建國民住宅、推進鄉村及社區發展；發展地方自治，促進地方建設；重視國內、海外的輿論與宣傳，建立為民服務的責任制度；健全人民團體，訂定優生保護法，提高人口素質；加強公共衛生，充實公園及藝術、體能活動的設備和場所，積極推行「國民生活須知」及「公民禮儀範例」，期望由此以發揚守法、守信、守時、守公德的精神，來建立誠摯純潔的社會。

多年以來，我們曾一再申言，不論世局如何變化，國勢如何艱難，我們推行憲政、保障人權的決心與行動決不動搖，決不改變！特別是在重視人權、尊重民權的今日，政府任何有關國民權利的措施，都是以人性的尊嚴和人權的保障，為其基本的依據，政府始終以這一基本要求，督勉全體行政工作人員。

鐵的事實擺在面前：我們臺澎金馬復興基地的民眾，生活在憲法保障之下享有民主國家的人民所能享有的充分民權和一切自由！而全國國民亦無不深知，民主自由社會的根本精神和保障，就是有組織的民主，有紀律的自由。我們講求的民主自由，是在「法律之前人人平等、法律之內人人自由」的民主自由，逾越這一範圍，不僅為法律所不許，亦且為社會所不容！

實則任何民主自由國家，都斷不容許有任何人有犯

罪行為擾亂社會、危害國家。而今天我們的處境，就好比是在驚濤駭浪中的一條航船，當然更不容許不法分子來危害我們的安定和安全！所以對於陰謀從事顛覆叛亂活動的不法分子，決不寬恕，決不縱容！

但是，由於我們是一個民主法治國家，保障人權為其根本的要求，因之即使處理罪證確鑿的不法分子，亦必定經由法律程序公平審訊、反覆查證，務必做到毋縱毋枉，也就是不要放縱任何一個危害國家社會的人，也絕不要冤屈任何一個無辜的人，因為這兩種情形，都直接間接影響到國家社會，所以我們從來沒有所謂「侵犯人權」的輕率行動。

由於臺灣治安素極良好，叛逆分子無法生根，歷年來這類案件為數非常有限，經國現在公開一項統計資料：

自民國三十八年到現在，二十八年來，歷年因叛亂罪被判刑現仍在服刑的人犯，全部是二百五十四人，而最近三年來，民國六十三年二十一人，民國六十四年四十一人，民國六十五年即今年三十三人，三年來總共是九十五人，除了其中只有一人因罪行重大且不知悔過被判死刑之外，其餘連同以前在監執行徒刑的人犯總數二百五十三人中，判處無期徒刑的二十七人，判處十年以上有期徒刑的五十八人，判處五年以上有期徒刑的一百一十一人，判處一年以上有期徒刑的五十七人。

實際情形就是如此，但是現在國際間有少數人士，未察是非，誤解我們政府依法處理這些事件，是侵犯人權，事實上我們希望真象公之於世，任何國際機構，只

要是對我們出之善意，我們都願意接受隨時進行查證！

其實要說侵害人權，今天真正草菅人命、摧殘民權的是大陸共匪。共匪竊據大陸這二十多年以來，殺害的大陸同胞不下六千萬人，遭到流放、禁錮、迫害的更是不計其數，而共匪內部打打殺殺的血腥整肅，就連共匪頭目都無法身免，這是舉世皆知的殘酷事實，而這也就是它揪鬥打殺獸性本質的鐵證，深信世人對於誰在保障人權，誰在摧殘人權，誰有法治，誰無法紀，已能判然分明。而對於我們維護國家安全、安定社會秩序、伸張人權法治的作為，定能有更進一步的認識和支持。

各位代表先生：

今天又已是年終歲尾，快要進入到另一個新的年度。展望未來，我們雖然不能斷言混沌的世局將在何時復歸清明，但從世局大勢上推斷，即將來到的這一年，實在是決定性的最重要的一年。

在去年貴會集會之日，嚴總統曾在貴會致詞指出，「我們中華民國的一部近代史，就是一部為自由正義、民主憲政而堅持不懈的奮鬥史」，這正是提示了我們為民主憲政而努力的歷史責任。而在一個多月之前，執政黨也召開了第十一次全國代表大會，這次大會不僅確立了奮鬥方向，策訂了行動綱領，而且為復國建國前途，開創了新的精神、新的氣象！特別是申明了

——中國的出路，必須訴之於全中國人的良知，

——中國的命運，必須全中國人自己來掌握，

——革命是我們確保民主的責任，而民主則是我們始終

　　一貫生死以之的目的，

——在此革命奮鬥之時，我們仍然堅決實踐民主憲政，

——樹立開放性的政治常規、理性的民主秩序，

——一切作為，必須切合民眾的利益和需要，一切作

　　為，必須切合復國建國計畫的遂行。

　　也就是申明了，一切作為，只要是切合民眾的利益
和需要，切合復國建國計畫的遂行，不論其內在的阻力
如何，亦不論其外在的困難如何，都要毅然決然為之，
反之則毅然決然有所不為。

　　深信執政黨的這一精神和宣示，將更進一步有助於
民主憲政的推進和運行。

　　我們全體行政工作同仁亦將以貫徹民主憲政的宏
規，為其堅確不移徹始徹終的職志，使我們一部近代
史，成為為自由、正義、民主憲政而堅持不懈、光芒萬
丈的奮鬥史。

　　今天是制憲之後行憲二十九年紀念日，貴會在此歷
史性節日集會，檢討行憲的得失，策勵憲政的將來。經
國藉此時機，對於各位代表先生公忠謀國的精神和弘揚
憲政的貢獻，深致崇高的敬意！並祝大會圓滿成功，諸
位代表先生身心愉快，事事如意！

12月26日　星期日

上午

九時十五分，巡視高雄縣六龜鄉紅水溪畔彩蝶谷風景
區，囑林淵源縣長要妥為保護蝴蝶安全及自然景地，以
發展觀光事業。隨後，至六龜山地育幼院，慰問山地

孤兒。

中午

在美濃鎮東海飯店午餐,並向附近群集民眾招呼問好。

下午

二時,參觀路竹鄉元寶公司,對其製造飼料、養豬事業及糧穀倉庫等,詳加垂詢。

12 月 27 日　星期一

上午

八時,至中興山莊,在國防部工作檢討會議開幕式中講話。

12 月 28 日　星期二

上午

十時,出席中樞紀念國父月會。

下午

五時三十分,在中興山莊,與參加國防部工作檢討會議人員會餐。

12 月 29 日　星期三

上午

九時,主持中常會,提示:

一、本年的土地現值在月底就要公告,政府曾經審慎研

究過，認為決定採取由百分之二十至百分之七十的
彈性原則，可照顧到各方面的利益，而不在稅收之
少許增加，特藉此機會加以說明。

二、今年已在安定中渡過，未來的歲月中，仍會遭遇
很多的艱難困苦，必須沉著、冷靜、堅定、勇敢的
來處理，才能渡過難關。中國古訓講究「天時、地
利、人和」，而以人和為最重要，只要人和、團
結，便能戰勝任何險惡環境。目前大陸變亂加劇，
對我們反共革命也是有利的轉機，我們須密切注
意，加以乘勢利用。本黨在第十一次全國代表大會
後，全黨同志應以總裁最後的遺訓：「以國家興亡
為己任，置個人死生於度外」，銘記在心，勇往
直前，做好一切工作，迎接我們革命轉向成功的
一年。

十一時，接見陸軍總司令馬安瀾。

12月30日　星期四

上午

九時，主持行政院院會，於聽取國防、外交、經濟三部
之一年工作檢討報告後，提示：

各級工作同仁，要充分發揮團隊精神——即每一個人都
要具有「大公無私」、「有國家、無個人」的精神，造
成政府與民間的大結合；並應以公忠體國的精神，改進
現存缺點，不鬆懈、不自滿，勇敢奮鬥，自強不息，以
迎接未來的一年。明年的工作重點，應以加強國防、外
交、發展經濟建設、改善國民生活、提高教育水準與革

新政治風氣為主要，希望大家牢牢把握，求其實現。

十一時，接見美國駐華大使安克志。

12 月 31 日　星期五

上午

八時，在小欣欣餐廳，以早餐招待各部會及省市首長，對他們一年來的辛勞，表示慰勉；並期望大家更加努力，爭取更大的進步。

八時四十分，主持行政院慶生會及年終抽獎。

十時，參加國軍將級人員晉升茶會。

下午

三時四十五分，至高速公路圓山大橋工地聽取簡報，並指示：維持高度標準之品質，遠比趕工更為重要；隨後登上大橋橋面，巡視實際作業情形，慰問工程人員。

今日致電臺灣省政府主席謝東閔，祝賀新年，並期勉全省同胞，面對艱難，更加團結進步。

民國日記 61

蔣經國大事日記（1975-1976）
Daily Records of Chiang Ching-kuo, 1975-1976

主　　編　民國歷史文化學社編輯部
總 編 輯　陳新林、呂芳上
執行編輯　林弘毅
美術編輯　溫心忻
封面設計　溫心忻
文字編輯　詹鈞誌

出　　版　🛡 開源書局出版有限公司

香港金鐘夏慤道 18 號海富中心
1 座 26 樓 06 室
TEL：+852-35860995

🌼 民國歷史文化學社 有限公司

10646 台北市大安區羅斯福路三段
37 號 7 樓之 1
TEL：+886-2-2369-6912
FAX：+886-2-2369-6990

初版一刷　2021 年 4 月 20 日
定　　價　新台幣 380 元
　　　　　港　幣 103 元
　　　　　美　元 15 元
I S B N　978-986-5578-14-5

http://www.rchcs.com.tw

國家圖書館出版品預行編目 (CIP) 資料

蔣經國大事日記 (1975-1976) = Daily records of
Chiang Ching-kuo,1975-1976/ 民國歷史文化學
社編輯部主編 . -- 初版 . -- 臺北市 : 民國歷史文
化學社有限公司 ,2021.04

　面；　公分 . -- (民國日記 ; 61)

ISBN 978-986-5578-14-5 (平裝)

1. 蔣經國　2. 臺灣傳記

005.33　　　　　　　　　　　　110004377